The Invasion of China and Our Confession
The Factual Record of Japanese Veteran's Testimony

侵华与忏悔

日本老兵证言实录

主编　计卫舸

人民出版社

责任编辑:孙兴民　李琳娜

封面设计:段建坤　郝　琮　徐　晖

版式设计:盛世华光

责任校对:张　彦

图书在版编目(CIP)数据

侵华与忏悔:日本老兵证言实录/计卫舸 主编. -北京:人民出版社,2015.8

ISBN 978－7－01－015205－9

Ⅰ.①侵…　Ⅱ.①计…　Ⅲ.①侵华日军-战争罪行-史料　Ⅳ.①K265.606

中国版本图书馆 CIP 数据核字(2015)第 204235 号

侵华与忏悔:日本老兵证言实录

QINHUA YU CHANHUI RIBEN LAOBING ZHENGYAN SHILU

计卫舸　主编

人民出版社 出版发行

(100706　北京市东城区隆福寺街 99 号)

保定市北方胶印有限公司印刷　新华书店经销

2015 年 8 月第 1 版　2015 年 8 月北京第 1 次印刷

开本:710 毫米×1000 毫米 1/16　印张:15.25

字数:195 千字　印数:0,001-8,000 册

ISBN 978－7－01－015205－9　定价:32.00 元

邮购地址 100706　北京市东城区隆福寺街 99 号

人民东方图书销售中心　电话 (010)65250042　65289539

《侵华与忏悔：日本老兵证言实录》编委会

主　编：计卫舸

副主编：张仕英　　高国忠　　周国强

编　委：计卫舸　　张仕英　　高国忠　　周国强

　　　　青芝俊弘　高建军　　程俊力　　范力民

　　　　孙秀萍　　沈丽华　　陶　芸　　何云艳

　　　　斋藤佑一　大野广之　那宇鹏

日中口述历史文化研究会第 20 次例会(2015 年 1 月 25 日于东京)

目　录

1

Catalogue

Ⅱ Introspection and confession

3

前　言

　　2015 年 1 月 25 日，我们曾专程赴日本参加了日中口述历史文化研究会第 20 次例会。会上，几位日本老兵满怀悔罪之情讲述了他们当年在侵华战场的所作所为和今日的所思所感，使与会者无不受到心灵的震撼。笔者就最新的研究成果《大数据时代口述史价值的重估》发表了演讲，引起了与会专家学者和日本老兵的共鸣。在会后的讨论中，一些专家学者不约而同地谈到了抢救和传播二战亲历者口述史料的必要性和紧迫性。这就促使我们将收集编译日本老兵回忆录并在中国付梓出版的初衷变成了实际行动。

　　由于在世的老兵已经不多，加之很多侵华老兵和他们的家属不愿回顾那段历史，以免再次受到心灵的煎熬，这些都给我们的资料收集工作带来了一定的困难。但是经过半年多的努力，终于在一些日本友好团体和友好人士的协助下，完成了对侵华老兵记忆史料的收集工作。

　　习近平总书记指出："抗战研究要深入，就要更多通过档案、资料、事实、当事人证词等各种人证、物证来说话。"本书编者正是本着这样的要求，在中国人民抗日战争暨世界反法西斯战争胜利 70 周年前夕编译完成了这部书稿。

本书第一部分以日本侵华老兵的记忆史料为主，通过这些当事人的讲述，真实地再现了当年侵华日军的种种暴行与罪恶，也表达了这些侵华老兵对战争的反省和忏悔。

第二部分从更大的视角，记录了当事人讲述的战场的血腥、"满洲国"覆灭的仓皇、美机轰炸时的惨状，以及因参加八路军而开始的新的人生等。这些事实深刻地揭示了日本发动的侵华战争不仅给中国人民造成了深重的灾难，也把日本人民带进了苦难的深渊。

本书图片是由当年的侵华老兵村濑守保在战场上拍摄并由日本中国友好协会提供的。村濑生于1909年，1937年应征入伍，随军入侵中国。村濑曾痛彻肺腑地说："每一个士兵原来都是一个普通的人，在家里是个好爸爸、好丈夫，但是到了战场就变成了野兽……绝不允许这样的战争再发生。"

中日两国，一衣带水，文化同源，经济互补，有过两千多年友好交往的历史。牢记历史、不忘过去、珍爱和平、开创未来应该成为两国人民的共同心愿。以史为鉴、面向未来、和平发展、合作共赢应该成为中日两国的共同选择。

谨以此书献给中国人民抗日战争暨世界反法西斯战争胜利70周年。

计卫舸

2015 年 8 月 1 日

第一部

暴行与罪恶

本书照片由村濑守保摄影、日本日中友好协会提供

北京郊外的卢沟桥

　　1937 年 7 月 7 日，卢沟桥的枪声引发了日本全面侵华战争。10 月，日本华北驻屯军第一联队第三大队第八中队从天津出发向北京郊外的丰台移动。之后，跨过卢沟桥南下保定、正定、石家庄。这个小丘上站着的是井上中队长，在观察战场情况。

随意杀人

　　一个卖东西的老者路过，士兵觉得可疑便将其带到驻地，之后就听到一声枪响，老者倒在了地上。

新兵演练杀人

  在驻屯地附近抓来了几个可疑的年轻人，第二天早上被新兵用来练习杀人，用刀砍杀了。一个没有被砍死的年轻人夜晚逃了出来，跑了不到 50 米就断气了。

数不清的尸体

　　长江岸边堆积着数不清的尸体，不知道是被虐杀之后运到这里的，还是把人带到这里后残杀的？

死者多是平民

　　残杀之后又堆上柴火、浇上汽油焚烧尸体。里面很少有穿军服的，大部分都是身着普通百姓的服装，还有妇女和孩子。

被炸毁的天津

　　日军炸毁了天津的大部分建筑，废墟到处可见。夜里的街上见不到人。废墟的阴影里有日本的哨兵。成群的野犬撕咬着死人的尸体。马路的上方挂着由轰炸者写的标语"中日兄弟邦交应共存共荣"。

移军上海

　　1937年11月19日接到了从大连开往上海的命令。七千吨级的运输船装满了士兵，像蚕棚一样。天气好的时候，一些士兵会到甲板上喝酒取乐。

　　连续3天航行之后的中午，海水渐渐变成了土黄色，波浪也变小了，士兵们看到了海岸上的城市，用手指着："看，上海！"

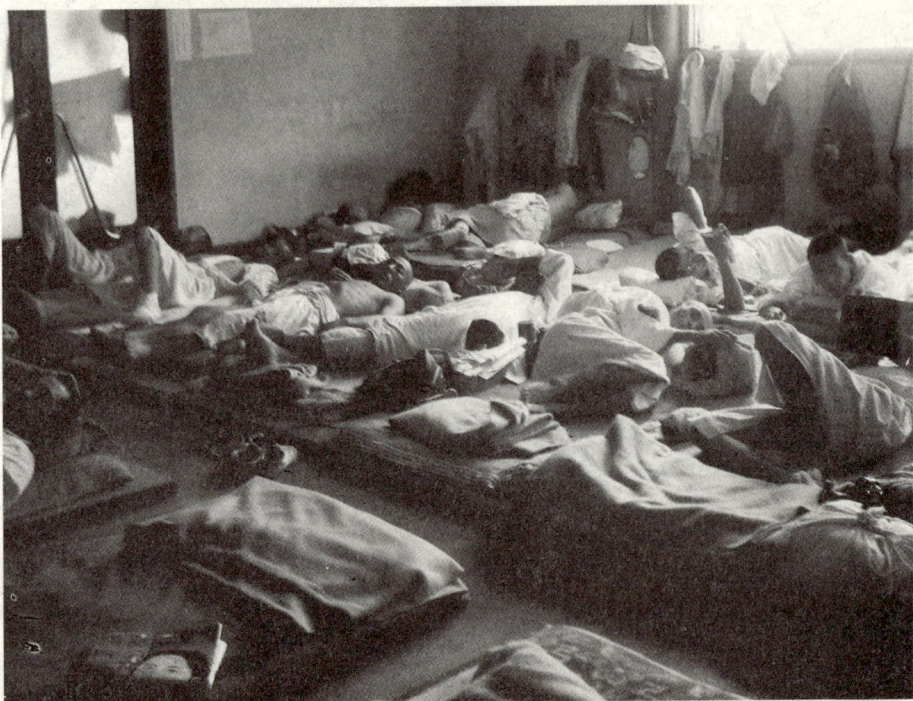

野战医院

　　这是一所战场的野战医院。即便没有被褥，这也算条件好的了。战场上的伤兵被送到这里，治好的归队，重伤者送回内地。

满洲开拓青年义勇队

日本在中国东北成立了"满洲国",行政管理权在关东军司令部。之后日本国内掀起了移民满蒙的热潮。那些没有土地的贫农、失业的青年被大批送到这里。

日本人开拓团从当地农民手里抢来土地,引起了中国人的愤怒和仇恨。为了镇压中国人的反抗,成立了特别训练所。

北上诺门坎

　　1939 年 5 月，外蒙古边防骑兵到哈拉哈河东岸（今黑龙江省内）巡逻，与伪满边防部队发生武装冲突，由此开始了诺门坎战役。8 月，在外蒙古和苏联的联合攻势下，日军陆军受到自创立以来最惨重的失败（史称"诺门坎事件"）。诺门坎战役中，十七中队接到紧急运送物资的命令，满铁的货车北上诺门坎。

我亲手残杀了母子①

斋藤银松②

这是发生在 1940 年秋天的事。我所属的第四十四大队第四中队，袭击了山东省馆陶县一个不足百户的村子。

中队长千叶中尉发出了突击命令后，我们高举着刺刀穿过高粱地冲进了村子。

然而村里到处都是静静的，看不到人影。

士兵们放心地闯进了村民家里。

村庄刚才的寂静立刻被破门声，砸锅声，猪和鸡的鸣叫声打破……村落像大地震过后一样乱成一片。

我闯进了大水塘边上的一小户人家。

屋里散乱着被打坏的农具、餐具、锅、缸等，这些是农民赖以为生的家当，屋里乱得无立足之地，锅所在的地方散落着高粱面和树叶做的黑馒头。

我正在盯着看时，不知从哪儿隐约传出了孩子的声音。我用刺刀拨开散乱的干草，发现了一个储藏蔬菜的地窖，我握紧着枪朝昏暗的地窖里窥探。

地窖里，一个头发蓬乱，三十五六岁的妇女，紧紧抱着一个八九岁的男孩儿。她的左手流着鲜血，眼中充满了仇恨。

一看我就明白了，"他妈的，已经干过了。"我一边想一边环顾四周，确认无人后，突然像猛兽一样扑向了她。不知发生了什么事的孩子，看着我的行为和母亲的脸，哇哇大哭起来。我不假思索地用手掌捂住了孩子的嘴，但他的哭声却越来越大，我凶狠地从那个妇女手中夺过孩子，把孩子杀了，一切就可以搞定了。

但是地窖狭窄，又遭到了这个妇女的拼死抵抗，我抢不出孩子，于是恼羞成怒，一脚踢倒妇女扑了上去。这个妇女拼死地抓住我的胳膊，冲我吐口水，但渐渐体力不支，我还是强暴了她。她遭到了我的污辱后，伏在地上大哭。

这时，地窖上面传来了其他日本兵的询问声，这一定是谁听到了哭声找过来了。我虽然有点儿狼狈，仍然狠狠地抓住痛哭着的妇女的乱发，用力把她拖上了地窖。

地窖外，常盘小队长和值日兵深泽一等兵站在那里看着妇女和我。我向小队长报告说这个妇女是八路，所以把她拖上来了，现在正要审问她。

小队长面露笑容用力点着头。

在日军中，不管做了多么混账的事儿，只要说对方是八路，都可化险为夷。

小队长听到那个女人是八路，急不可耐地用军刀将那个女人赶到了村后的场院。不久到了一个水塘边的场院，小队长强令妇女坐下。妇女坐下来，脱下孩子的小鞋，和自己的鞋一起整齐地摆放在一棵大柿子树下。

这个女人为什么这样做？当时的我完全不能理解她的心情。

小队长用力将军刀伸向妇女眼前，并掏出一把从农民那儿抢来的纸币给她看。告诉她，只要她供出隐藏武器的地方，就可以让她好好活着，过上好日子。他一边说着一边把钱递给那个女人。

然而女人坚决地挥手拒绝了，她说她是个农民的妻子，不管给多少钱，不知道的事还是不知道。小队长仍不死心，不断反复地问着同一个问题，女人也仍然重复着同一个回答，就是"不知道！不知道！"小队长渐渐烦躁起来。

为了向小队长表现自己的"忠诚和勇敢"，为了出人头地，我主动要求拷问这个女人。于是我一脚踢倒女人，强行将她手中的孩子夺下来并用刺刀指着孩子的喉咙。

原本对我们牙关紧咬，激烈反抗的这个女人此时含着眼泪，一次次匍匐到我面前低头哀求。

当时我觉得她不爱孩子，如果爱孩子的话，她会说出隐藏武器的事情。我一边咒骂着，一边让深泽按住女人，用刀把孩子的胳膊生生砍了下来。伴着孩子凄惨的悲鸣，从刀伤处喷涌而出的鲜血染红了孩子的衣服。

女人疯了一样嘴里哭喊着什么，猛地撞翻深泽，紧紧护住了孩子，咬牙切齿地盯着我们。

小队长在旁激励我，让我再加把劲儿，并允诺成功了的话给我晋级。我听了小队长的话更加来劲了，像饿狼一样再次扑向了她，用枪托打她，抢过孩子交给深泽，并把拼死抵抗的女人扔进了那口池塘。

小队长拍手叫好。

女人马上不见了的踪影，不一会儿又露出了水面，池塘的水深只到女人的胸部。女人举着双手在水中不断地喊着自己的孩子的名字，求生的本能使她抓着池塘边的柳枝努力地爬上了土堤。

见状，我跑到女人那里，抬起脚踢向这个女人的头部，女人再次滑进水塘，这次，她像被水塘吸进去了一样消失了。

看到母亲刚才的惨状，孩子不断地哭喊着："妈妈！妈妈！"

这个女人又顽强地浮了上来，她一边用嘶哑的嗓音喊着孩子的名字，一边拼命地想再次爬上土堤。我用力抓住女人的乱发，一直把她的头往水里按，同时，深泽从背后殴打孩子，孩子倒在了地上，痛苦地喘息着。

母亲愤怒至极，骂我们是畜生，没有人性，连孩子都不放过！

小队长和我变得更加暴躁，于是我抓住不断哭喊着叫妈妈的孩子，将他举过头顶扔进了水中，母亲拼命寻找着，终于救出了孩子。这时，"呼、呼"……枪声响起，我和小队长射出的子弹打进了女人的胸腔，女人的鲜血染红了池塘的水。女人至死都在用力抱着孩子，想把他托出水面。

好像要把这个悲惨事件告诉父母、丈夫，还有村民们似的，女人和孩子的鞋被女人摆在一起，朝着水塘的方向。

每想起这些在中国战场所犯下的罪行，我就痛悔不已。我把这些事件写出来，丝毫减轻不了我的罪孽，但是我希望以此警示后人。

【注】

①本文原载于中国归国者联络会编《天皇的军队——侵略中国》，日本机关报出版中心出版，1988 年 12 月。

②斋藤银松：1921 年生于爱知县名古屋市。1940 年 12 月 1 日以志愿兵身份入伍，1940 年 12 月 11 日开始，作为侵华日军分队长和上等兵，在山东省犯下无数罪行。

虐杀怀孕的妇女①

三浦唯守②

1945 年 6 月至 7 月，为了再次清剿八路军和反抗的百姓，师团长藤田中将下达了"秀岭二号作战"命令。

我所属的五十九师团长年驻扎在山东省，所到之处烧光、杀光、抢光，女人不分老幼尽受污辱。

在血腥和仇恨中，八路军和当地百姓的反抗也越发激烈。我们在海阳县索格庄构筑了一个大据点，但是我们的周围仿佛到处都是仇恨和反抗。大队长热田大尉将主力集中到了这个村落。村落中的居民不分男女老少，都被驱赶到周围的山上去修筑阵地。但是面对不断加剧的八路军和民兵反击的压力，热田大尉终于忍耐不了这种恐怖，变得狂躁起来。

他要把这个村落的所有东西全部带走，所有吃的全部吃光，能烧的都烧掉。

在热田的眼中，每个中国人都像是复仇者，一座房子、一棵树都像要向自己发动袭击的人。在索格庄周围的群山里，被驱使的农民瘦得皮包骨，摇摇晃晃。他们被绳子绑着，被日军的刺刀驱赶着干活的身影随处可见，最终那些人没有人能活着下山。

数日后的一天，连夜的雨后，天空低垂着乌云，令人心情烦闷。

　　我带着四个新兵正要离开中队时，雨又开始下了起来。我冲着剃了光头，先前抓住的那个已经有了身孕的女人骗她说要放她回去，让她跟我们一起走。对我的话信以为真的她，高兴地几次低头谢我。然后摆正了经受过拷打的身体，蹒跚地一步一步地走了起来。

　　昨天中队长上山中尉从大队回来时，吐着酒气对我说那个女人是民兵的老婆，不能让她回村了。明天让我和指挥部的新兵用她做刺杀训练的活靶子。

　　在大队本部，为了问出八路军的组织情况及与村落之间的联系，日军对这个怀了孕的女人施行了各种酷刑，谁都可以侮辱她。并且有人出于无聊，恶作剧般地把这个女人的头发剃掉了。

　　我按预定计划带着女人朝420高地的洼地处走去，当看到洼地时，她突然停住了脚步，紧张地说这不是回家的路。

　　我装作不知道的样子回答她说因为下雨，路不好走，所以要绕道走。但她依然站着不动。这时，从高地左侧走出了五六个被二中队士兵驱赶着的农民，背着构筑阵地的木材，痛苦地喘息着。

　　走在前面的两三个农民看到了我们，在向这边张望时偶然看到了她。那时她想向那些人说些什么，但声音被士兵们的怒吼声淹没。背着木材的人们摇摇晃晃地走了过去。

　　我冲着犹豫不前的女人踹了一脚催她快走，女人却一屁股坐在了泥地上。我知道她已经预感到了什么，于是不耐烦地怒吼着命令士兵赶紧把她带走。新兵桂山用枪托砸向她的后背。

　　她惨叫着，双手撑在泥里向桂山乞求饶命。看到桂山有点犹豫，我又一次催促他，并让伊东也去帮忙，枪托不断地砸下来，这个女人双手撑地不停点头求饶。

　　可是我只想尽早完成中队长的命令，对她的反复哀求一点也不在意。

四个新兵在我的催逼下轮番殴打她，用泥靴踢她，在刺刀的威逼下女人摇摇晃晃地站了起来，又一下子倒了下去，倒下后又被踢打着站起来，就这样被逼着一步一步地走着。

快到洼地时她再也不走了，站也站不住，她趴在地上再次求饶，她不住地在泥地上磕头，再抬头看着我，然后又继续磕头乞求。

我决定就在此地把她解决了。于是站到了她面前，女人不由自主地向我伸出了沾满泥水的双手想搂住我，我不想被脏乎乎的她碰到，马上向后退去。

女人说她只是个老百姓！并且肚里还有孩子！女人在悲痛中仍然双手撑地，不断地在泥地上哭着叩头求饶。对喘着粗气，拼尽全力跪着求饶的她，我不觉有些畏缩。

这时她在泥地里又转向伊东的方向不断磕头求饶，叩头声让胆小的伊东不知所措。我立刻对伊东加以训斥，伊东答应着，但显得更加狼狈。

女人再次向我爬了过来，突然抱住了我的左腿，声嘶力竭地喊着要我饶了她，说她不想死，说她过两个月就要生孩子了，让我放她回去！她拼死地在诉求，我的裤子都快被她扯破了。"两个月就要生孩子"的话含着力量，我忘了挣脱她的双手呆立着，一秒……两秒……"多么顽强的女人啊，如果我是她的话我该怎么办呢？"这样的想法在我脑海里闪过，一瞬间，我感到浑身无力。"但是，这是中队长的命令啊，这样才能取得战争的胜利呀"！我回过神来用力挣脱了女人的手，冲她腰上狠狠踹了一脚。

女人又是一声凄厉的惨叫。

我怒斥着新兵，让他们想法带这个女人走。

然而女人已经不再哭叫了，她挺直了身子坐在泥中，双手抱着下腹部对我哀求，请求我即便杀了她，也不要杀死她肚子里的孩子。

她的声音很微弱，但让我难以忍受，也失去了最后的耐心，于是我一边冲着四个新兵叫骂，一边快速拔出挂在腰上的刀，冲着女人的脸颊用力刺了下去。女人高声叫喊着，用双手捂着脸一下子就倒在了泥里。

我看着被鲜血染红的刀身，既像是对身旁的新兵们，也像是对自己炫耀地说："嗯，这把沾着人血的刀，至今杀了 21 个人了。"

看到我亲自出手，伊东好像觉得什么都不干的话太不像话了，他喊着"八嘎牙路"冲到前面，一把抓住趴在地上女人的肩膀，用力拖起她的上半身。她的脸上被短刀刺过的伤口混着泥和血，手因为恐怖而颤抖着。她已经不哭了，柔弱的肩部，破烂的衣服下露出的鼓胀的胸部，让她更加有了女人味儿。颤抖的双手牢牢地护在下腹部。在仇恨和憎恶中，她仍在舍身护着腹部的孩子。正在下着的雨流过她的面庞，洗去了她脸上的血迹。

我狞笑着，用沾满泥的靴子用力踢向了她的左肩，我看着这个无力喘息的女人，朝四个犹豫不前的新兵喊叫，让他们快过来！听到我的话，他们一齐举起了刺刀。

"别磨磨蹭蹭的，那是皇军的耻辱！"我的话起了作用，伊东的刺刀便刺向了这个女人的胸口。女人的胸前立刻喷出了鲜血，可在被刺后她迅速用右手握住刀身，血从手上流下，伊东慌忙拔刀，但拔不出来。其他三个新兵也不知道如何是好，恐怖和凄惨的景象让他们瑟瑟发抖。

看到他们的表现，我大声吼着扑上去骑在了女人的上半身，左手按住女人的脖子，右手握剑，照着女人圆鼓鼓的肚子一剑刺了下去，一下子失去力量的女人挺直了身子，集中全身之力，从口中发出微弱的诅咒的声音："鬼子，畜生……"。然后向后倒了下去。大雨闪着白光淋在这个被鲜血染红的尸体上。

周围恢复了寂静，我也回过神来，此时浮现在脑海里的，只有我一直憧憬得到的两星军曹肩章和那熟悉的故乡的山河。

当我刚来中国时，在家乡的火车站，怀着孕的姐姐来送我，嘱咐我"早点儿回来啊，好让父母放心，别干坏事和危险的事"。她温柔地对我说的这些话使我难忘，姐姐希望在幸福的家庭生活中生下的孩子，能成为上了年纪的父母的长孙，阖家和睦地生活在一起。

可是那时的我，面对和姐姐一样怀着孩子的中国妇女，没有任何理由地亲手杀死了她，毁了她和家人的生活。

到了中国，尽可能地多杀一个人，多烧一间房，是让我父母兄弟感到高兴的事。那时的我，对此深信不疑。

当时我真是个大混蛋，不知道人为什么要杀人，人们流血流汗创造的财富为什么要去破坏、烧光，为了谁去参加罪大恶极的战争？现在我知道了这些道理，如盲人见到了光明。

我要对自己以前犯下的非人道罪行进行深刻反省，同时对那些让我盲目追随军国主义，把我逼入死地的家伙们，竭尽全力开始我的复仇。

【注】

①本文原载于中国归国者联络会编《天皇的军队——侵略中国》，日本机关报出版中心出版，1988 年 12 月。

②三浦唯守：1922 年生于北海道留萌市。所属为侵华日军第五十九师团五十四旅团一一一大队。曾任伍长、分队长。

杀死妇女幼儿的记忆^①

鸭田好司^②

8 月一天的凌晨，在山东省日照县大山的山区，五十四旅团主力部队与八路军遭遇，激战持续了两个小时。

当时我是入伍四年的上等兵，旅团直辖小队的轻机枪手。我在小队长吉川贞二准尉的指挥下参加战斗，登上了硝烟弥漫的大山，八路军主力撕开五十四旅团在西侧张开的包围网，冲出了重围不见了踪影。山腰的战场上散落着被五十四旅团炮火炸飞的八路军战士的手足，身体上的碎肉粘在了岩石上。

天已大亮，我的眼前是一片血海，染红了岩石，散发着刺鼻的血腥味。

在这悲惨的人间地狱里，我双腿打战地走在坑坑洼洼的山路上，突然我发现了一个仅可容身的山洞，洞里躲着两三个人。

"啊……有人！"在我喊出声的瞬间，本能地扣动轻机枪的扳机，连射了五六发，子弹打在弯曲的洞穴的岩石上，迸着火花弹了起来。

附近石崖下，小队的其他士兵好像也发现了中国人，都乱喊起来："有，有！别让他跑了，开枪，打死他！"

接着山间回荡起了两三声步枪的射击声，还夹杂着手榴弹的爆炸声。

吉川准尉冲我怒骂："笨蛋！危险，去拉出来。"我战战兢兢地弯腰走钻进了山洞。

躲在山崖下或山洞里的人，都是为了躲避日军的村民。日军不走他们就不能出来，没吃没喝、忍饥挨饿地躲藏在这里，在这样的避难生活中，即使不被抓到，也会有很多人在病饿中死去。

从早上开始的战斗，经过了很长时间终于结束了。被我从洞中拉出来的中国人是个三十五岁左右的男人，他脸色黝黑。跟在后边出来的是个四十岁前后的妇人，大概是男人的妻子，她怀里紧抱着出生没有几个月的婴儿，腿旁跟着个四岁左右的男孩儿和八岁左右的女孩儿，他们在我刺刀的威逼下，颤抖着从洞中走出来。

吉川准尉命令把他们绑起来，我马上从后面扭住男人的胳膊捆了起来，在山崖被抓住的十七岁左右的少女在大声哭叫。

左手紧抱幼儿的女人跪坐在洞前，两边站着两个孩子，他们惊恐地战栗着。看到士兵们踢打男人，拖着他走到崖下的情景，她抖着嘴唇对我们哀求说不要带走她的丈夫，他是农民，不是八路。不太懂中国话的我也能清楚地明白她说的意思，她把身旁天真的孩子推出给我看。

吉川准尉却命令把女人和孩子全部杀掉，我向后退了一步，端起刺刀逼到了母子面前。面对我的刺刀，男孩儿大声哭了起来，同时紧紧地抱住母亲的胸，女孩儿也抱住母亲哭了出来，母亲用背部护住孩子，拼命在岩石上磕头求饶。

见我有一点犹豫，吉川急躁地催促着我。想起死在中国人子弹下的战友羽田，我不由得怒起心头，更让我感到羞耻的是，作为一个多次杀过人的老兵，却在女人和孩子面前表现出了踌躇，特别是在小队长面前，我要好好表现，这么想着便升起了一股杀气。

女人继续哀求，她盼望着也是人子的我，会看在这三个天真孩子的面上，产生怜悯之心，能有一丝的良心发现。他们相互偎依着、哀求着，面对含着眼泪哀求的母亲，毫不心软的我简直就是个野兽。

"这是命令！"长官的命令就是天皇陛下的命令，对于具有对天皇陛下的崇拜和"大和魂"精神的我来说，是必须绝对服从的。于是我冲着女人的肚子猛踢。又抓起躲在她背后哭叫的小男孩儿的衣领，把他摔在岩石上。

母亲强忍着被踢的疼痛，疯了似地紧紧抱住仰面倒在岩石上男孩儿的身体。已经被激怒的我用枪托不断殴打她的脸。她向后仰着的脸被我打得皮开肉绽，流着鲜血，即使这样，她仍然想靠近孩子，怀抱幼儿爬了过来。

正当口吐鲜血的男孩儿要爬向母亲时，我冲着他肚子一刀刺了下去。梳着娃娃头的女孩儿"哇……"地用小手捂着脸哭出了声，接着我朝着她的胸部刺去，并把她甩到了岩石上。

母亲在悲痛中愤怒地咒骂着，她紧紧地抱住倒在血泊中两个孩子的尸体，我冲着抱在一起的母子踢去，并用刺刀刺进了母亲的肚子。

血人似的母亲抱着幼儿，趴在两个孩子的尸体上，她微微张开眼睛，解开被鲜血染红的衣服，将乳房凑近呱呱啼哭的婴儿的脸，然后无力地伏倒在地上。

哭闹着的婴儿，脸凑向母亲变冷的尸体，张着两只小手在血泊中寻找着乳房。

我抬起滴血的刺刀，喘着粗气。从背后传来了吉川准尉令人悚然的笑声。

"嗯……好了，该砍这家伙的脑袋了！"

说完，吉川准尉用军刀砍下了绑在山崖下的男人的头。

我现在……没有任何理由，只是以"因为是战争"为借口，逃避战争罪行的责任。我为我在战争中犯下的滔天罪行感到深深地愧疚和悔恨。

作为战犯的我，昭和三十一年（1956 年）夏天受到中国政府的宽大政策的恩惠，回到了日本。现在我有三个女儿，长女已经出嫁，我和剩下的两个女儿一起过着退休后宁静的生活。

过去我在战场上以"为了祖国"的名义，杀了很多中国人。我所犯下的罪恶，用我的一生也难以偿还，想到这些被害者和他们家人的心情时，内心的愧疚与不安，即使我每天面向佛坛合掌祈祷，也难以解消。

战争把人变成鬼，经历过这些的我，将尽毕生之力，反对战争。战场上留下的记忆会越来越模糊，我对和平的愿望，为和平贡献力量的心愿会越来越强。

【注】

①本文原载于中国归国者联络会编《天皇的军队——侵略中国》，日本机关报出版中心出版，1988 年 12 月。

②鸭田好司：1921 年生于东京。原为侵华日军 59 师团 54 旅团 111 大队兵长。

为邀功刑讯虐杀"苦力"[1]

金田珠寿[2]

那是 1943 年，我在帽儿山铁道当警护队警察系主任巡监时发生的事。

太平洋战争爆发后，战略物资的后方基地"满洲国"的铁道运输安全成了重要问题。为了完成这一"重大使命"，哈尔滨铁道警护本队长川村进强调要加强铁道谍报谋略对策，于是铁道职员及相关人员都鹰犬般地睁大了眼睛寻找着立功升职的机会。

6 月的东北的早晨仍有些凉。只有一个天窗，昏暗的拘留室的一角，四五个人互相依靠着蹲在地上。和往常一样，我习惯地向里边瞥了一眼，一个青年的视线与我冷冷的视线对上的那一刹那，他的脸变得苍白，"哼，这家伙是新进来的吧，肯定又是偷鸦片的。"这样想着我推门进去了，跟在后边进来的是值班的竹光巡警，他向我报告说："昨晚，玉泉分所送过来一个……"我看了一遍同行调查报告书说："有可能是。"青年那张苍白的脸一下子浮现了在我脑海。

急着交班回家的竹光巡警赶紧说："玉泉分所的镰田分所长在检查下车旅客时，发现了这个穿着破烂，但仪表堂堂的家伙，他觉得可疑，在搜身检查中发现鞋里藏了张百元纸币，巡警说以前曾在采石场见过他。"

　　竹光巡警走后，我拿起报告书和百元纸币，想着如果拷问一下儿，没准儿会有意外收获。当警察主任一年了，管的都是些盗窃、鸦片之类翻不了身的事，最近玉泉、阿城连续发生了三次往车轴覆箱里灌沙子、偷走车轴箱里的油布等妨害运输的恶性案件，看来确实是有预谋的行为。特工们倾巢出动，对附近挨家挨户进行搜查，当然也抓了些路人，经过三四天的仔细搜查，仍毫无线索，队长气得大骂本部的警察科长，说他手太软，追究责任的电话来个不停。好吧，不管是黑是白，要把这件事搞大，让他们看看帽儿山警察主任是把好手的欲望在我脑中膨胀。

　　与玉泉采石场的事故或许有关，没有也可以说有，证据要多少都可以造出来。翻译嘛，戴春元比冯玉好，戴春元会看我的眼色打人踢人，会恐吓，会装腔作势，会来事儿，工作时能对我言听计从的只有戴春元。这次无论怎样，为了行事顺利，拷问放在大家都回家后比较方便。就这样坐立不安地过了一天，时针指向了 5 点，刚过 8 点，办公楼里一下子空了，后面时不时传来警犬的叫声，戴春元在等着我出来。

　　我大声命令戴春元把那人拉出来，说完我走进了审讯室。我坐在只能放下一张桌子，三叠（榻榻米尺寸，一叠相当于 180×90 厘米。）大小的审讯室里，故作威严地拿起报告书再看了一遍：原籍不详，住所，哈尔滨市新安埠，刘占武，二十六岁。这时，戴春元推着那个青年进来了。

　　他的衣服散发着拘留室里特有的气味，还混杂着韭菜的味道，难闻的味道一下子充满了狭窄的室内。翻译坐在了旁边的椅子上，用沙哑的声音说："跪下！"青年犹豫了一下，在听到第二次"跪下"的命令后，他瞥了坐在桌后的我一眼，胆怯地跪了下去。这家伙是第一次到这地方吧，就这样也不知道低头，压根儿就不是个苦力。对付这样的家伙用高压手段可能会很快奏效，但我还是选择了过会儿再说。我用缓慢的语调通过翻译问他姓名、职业、单位，他说他叫刘占武。是在哈尔滨新安埠干苦力的。

我又问他去过玉泉没有？他说在采石场干过一年活儿。我接着追问：

"干到什么时候？"

"到两个月前一直在那儿装货车。"

"那你知道车轴箱吧？"他歪着头想了想，想起来了似地说："知道。"

"进了沙石会成什么样子？"看来有门儿，我单刀直入地问道。青年想了一会儿，不知道为什么会问这样的问题，他漫不经心地说：

"把头说车轴烧了就不能用了。"我想太好了，但故意避开了重点。

"为什么不在采石场干了？"

"不能糊口。"他干脆地说，带着明显的山东口音。

两个月前，事故发生时他应该还在。这时期好不容易找到的工作轻易地就放弃了，可疑，然后为什么又回来了？这事儿变得有意思了，我强忍兴奋的心情问道："为什么来玉泉？"

"来买米。"不是预期的回答。

"什么？米！"接着我的话他说："孩子病了，给孩子吃的。"他收紧双膝挺起身子，有些粗鲁，但很利索地答道。我的失望转化成了愤怒，于是想到了用单刀直入的方法。我拿着百元钞票在青年鼻子前晃着问："这是哪儿来的？"我向他施压。

"干活儿挣的。"

"苦力能挣这么多钱?"我追问道。

青年低下头没有回答,一秒、两秒、三秒,我用力拍了一下桌子。

"谁给你的?"我怒气冲冲地问。青年慢慢抬起头来,从正面看着正在恶狠狠地盯着他的我。

"把玉泉、阿城的鸡蛋、大蒜带到哈尔滨挣的钱,没谁给我!"他镇定地答道。

"八嘎牙路!有警护队,谁能从车站带出一颗鸡蛋?"他好像忘了警护队的存在,青年的话让我怒从中来。

青年扭过脸去不做回答。我不能就此罢休,早就该让他知道厉害了。根据以往的审讯经验,戴春元马上就领会到了我的决定,他抓住青年的右臂拽到桌子下后,高高地举起了拷问用的皮带。

"好,给我打。我不说停就不能停"。在啪啪的抽打声中,青年咬着牙缩紧身体。我觉得应该有点儿作用了,就让停了下来。"哎!招了吧,省得受罪。"他好像微微点了点头。

我暴怒地站起身来,抢过翻译手中的皮带逼近青年,我冲着青年的脸左右开弓,啪啪地打下去,很快他紧咬着的嘴里流出了一股鲜血。

青年躲过从侧面抽来的皮带,冲我的裤腿上吐了口带血的痰。我气坏了,疯了似地用力朝他腰上踢去,他"啊"的一声,倒在了地上,我踩着他的脖子强迫他趴下,高举皮带抽向他的臀部,翻译死死地将他的头摁在地上。

我想到了用水刑,于是手拿皮带急匆匆地走出了审讯室。

值班的刘巡长听到脚步声,打开门正向外张望。"刘巡长,你也来!"我命令道。

青年被拽着后背拖到了浴室的门槛儿，然后被一脚踹了进去。"八嘎牙路"翻译用沙哑的声音边骂边伸手抓着他的脖子，把他拽起来。青年憎恶地盯着翻译，用低得几乎听不见的声音问："你是中国人吗?"被问得招架不住的翻译突然用力朝青年的小腿踢去，然后紧紧摁住青年弯向腰部的头。

"戴，扒光他!"我吼道。翻译扒光了他的衣服，身上露出了鼓起的道道暗红色鞭痕。突然，他张开嘴，发出了嘲笑的声音："你是人吗?""狗屎!"翻译用手指按住胶皮水管口，唰地用水向他冲去。

我立刻追问："在石山干了什么?""我是苦力。"他回答得很有力。

"除了当苦力还干了什么?"

"我是苦力。"声音虽小，但很镇定。

"苦力能有一百块钱? 没隐瞒什么?"

青年沉默着闭上了眼睛，面对这种态度，我气急败坏地喊道："好! 让他喝个够。"

青年的口鼻处被盖上了抹布不能呼吸，全身充血变得通红，他竭力扭动着肩和腰，湿漉漉的绳子深深地勒进了他的身体，他呼吸痛苦，发出很大的"嘶嘶"声。

这时青年抬起头说了句什么。"好极了!"我心中暗喜，但故意慢慢地摘下抹布，再一次问道："怎么样? 打算说实话了?""巡警，我说什么才行?"对他的话极为失望的我大叫道："八嘎牙路，耍我们呢?!"我把手中的抹布盖在他的脸上："看你能喝多少!"加大了水量，捆着他的长凳咔嗒咔嗒地响着。

"早点招了吧，这样就可以见到你老婆孩子了。你老婆不可爱吗?"我看到翻译在他耳边说，青年骂着什么，有抹布盖着听不见。

"戴君，再来一遍。"我拿起橡胶管敲打着地面说:"这家伙想好好喝，让我来!"我一只脚用力踩到了青年的肚子上。

"戴君，再用点儿力按住他。"在我替换戴春元的那一瞬间，青年猛地抬起头，咬牙切齿地说:"日本鬼子……"我气急败坏地猛地抓起皮带，劈头盖脸打了下去。现在对我来说，他说不说都没关系。我一心想着的是怎么折磨这个徒劳反抗的青年。

抹布盖在他的脸上，使他不能顺畅呼吸。嘶嘶吸入的水声渐渐变得断断续续，"呃呃呃!"三四回仰面呼吸后，青年的头歪向了一边。

"戴君，今晚我就到这儿了"我有气无力地对正要把腹部鼓胀的青年拖起来的翻译说:"戴，怎么干都行。"我催促翻译。这时青年吐出水里混杂着黑色的血块，他依靠着墙站了起来，马上又瘫坐在了。审讯没有得到预期的效果，这让我非常生气。我踢着门大喊:"刘巡长，来一下儿!"听到无精打采的回应后，我说了句"你们俩看着他点儿"后走出了浴室。

我回到办公室松了口气，点着了一支烟，走廊里响起了杂乱的脚步声。不久，瘆人的惨叫声在走廊高高的天井间回荡。翻译回去后，我身不由己地向拘留室走去想看个究竟。

青年披着破毛毯，头和肩紧紧地靠在三个难友身上，低声地在说着什么。

我观察了一会儿，那么折磨他都没有问出什么，这几个家伙一定是一伙儿的。"干什么呢，睡觉!"我突然大声喊道，同时踢着铁门。

三个人慢慢地站了起来，离开青年躺了下去。

这样就真是不把我们放在眼里了，"把他一个人关起来！"我怒气冲冲地推开值班室的门，对着刘巡长说。

那天夜里三点左右，还没来得及打盹儿就接到了列车脱轨的报告。我揉着充血的眼睛去小岭车站调查事故原因。六点多到达了事故现场，马上接到了警察股渡边巡警的报告："被拘留者死了。""糟了，好不容易打下的基础，干过头儿了。"直觉告诉我青年死了。脱轨事故的原因很单纯，事故处理都交给了分所长。

到帽儿山时已近中午。我直接敲开了队长室的门，强压烦躁地报告说："去小岭机关区调查责任事故回来了。"远藤队长对这件事似乎一点兴趣都没有。他靠在转椅背上，用鹰一样的眼睛盯着我："别跟我提小岭，为什么一点儿都没告诉我？以为你是靠谱儿的人实际上不靠谱儿。"话语里包含着不满。我答道："是！我想打一下就行了。""哼！"他用鼻子回答我。

"那……尸体呢？"

"这里处理起来很棘手，已经把他当成病死街头的交给村公所了。"

他又说道："以后这种事多着呢，死了的话，就什么都得不到了。"他的斥责让我很恼火，但我强忍着答道："是，以后会加小心的"，然后低着头关上了门。

"辛苦了！"我没回答渡边和戴春元的问候，从文件箱里拿出了同行报告书，嚓嚓地撕了。我当时的样子把他们都惊呆了。"怎么样？为了消灾来一杯？"我故意装出一副平易近人的样子，把那张百元钞票揣进兜里先走了出去。我心里在想，好了，下次一定要搞定。

【注】

①本文原载于中国归国者联络会编《天皇的军队——侵略中国》，日本机关报出版中心出版，1988 年 12 月。

②金田珠寿：原侵华日军帽儿山铁道警护队警察系主任，铁警中尉。1956 年 7 月 15 日作为第二批日本战犯被释放回国。

轮奸少女[①]

山原良一[②]

　　三十九师团二三二联队占领湖北省五峰县刘家畔，是在常德战役快结束的 1943 年 11 月末。第三机关枪中队在背靠大风口的刘家畔的一条大河旁，占据了七八间民房作为宿营地。

　　像村庄的守护者一样的大风口山高高耸立。从昨晚开始，山北方向传来机关枪声、炮弹的炸裂声一直在山里回荡，王家畔村里燃烧的黑烟向周围的村庄扩散着。

　　士兵们的脸上挂着油汗，红着眼睛，到处寻找财物和女人。村里人都逃跑了，只看到一个白发老人在一个民房院子里的石臼旁收拾着东西。经过掠夺的院子里散落着衣服和农具，几乎没有下脚的地方。山原上等兵手里拿着杀牛后还沾着血的十字镐，谩骂着并把老人收集好的东西一脚踢开。老人叫了起来，连滚带爬地冲出两三步，把被踢飞了的一只系着铃铛的小鞋紧紧地握在手中，粗糙的大手在不停地颤抖。山原满脸不屑又朝老人腰上踹了一脚，接着朝老人的脸上吐了口唾沫。

　　看到再也抢不到什么值钱的东西，同年兵金森和山原就又闯进一个门外有大麦的富裕人家，把还未来得及收起来的红薯踩了个稀烂，然后爬上了山。

突然，从山腰处的一座房子里传来了一声女孩子特有的悲鸣声，金森和山原色迷迷地相视一笑，沿着山路向前跑去。

两人看到佐野和中川抓着一个十四五岁的少女的两只手腕，正准备拖着走。

见此情景，气喘吁吁的山原和金森不由得加快了脚步。

佐野和中川一边喘着粗气一边骂着，拉着少女过来了。

身着天蓝色衣服的少女，硬直的白色的腿，梳向两边凌乱的黑发中渗着血，发梢上扎着根快要掉下来的红发带，这场景有些诡异地映在了山原的眼底。少女小小的肩膀，被佐野的手紧紧抓住。"哼哼，不错的姑娘啊。"山原充满兽欲地自语道。

军曹谷川也附和着并仔细看了起来，他肮脏的胡子快蹭到了少女的脸。

山原笑着："喂，金森，这家伙可比昨天那个强多了。"说完又戳了戳少女的头问："喂，姑娘几岁了？"

少女迅速转过身，咬着牙低着头，披散在雪白的脖子上的头发在轻轻颤抖。

平野和中川却对少女拳打脚踢，少女悲鸣着倒下，头撞在了地上，她的辫子被撞开了，那条红色发带飘落在地上。少女想要爬起来，山原用沾满泥的军靴踩着少女微微隆起的胸部，少女试图用手推开。

"扒光了她！"谷川喊。佐野和金森扑向了少女。他们从两边按住少女的手，开始扒她的衣服。少女脸上冒着汗，拼死用脚乱踢，但是她的挣扎无济于事。

双手被按住的少女，仰倒着露出洁白的肉体，顿时吸引了大家燃烧着兽欲的目光。少女咒骂着，一下甩开按住她的手爬了起来，抓起身边的碎瓦片不断打了过来。

山原好像被激怒了，又开始殴打少女，狠狠地抽打着少女的脸，把她打倒，然后围着她踢。

倒地惨叫的少女紧紧地按着被撕破的裤子，身子不断地颤抖。

谷川一边鼓励着山原，一边将闪着寒光的军刀伸到少女眼前，捏住了少女的手威胁她不让乱动，然后，把她向一个民宅里拖去。

少女拼命地挣扎，抱着半截被撕破的裤子不走。谷川抓住少女凌乱的辫子一把将她拉起来，山原立刻夺过少女紧抓着的裤子，拧住少女纤细的胳膊，推进了民宅。

山原让谷川抢了先，觉得很没面子地走了出去。他隔着窗户能听到屋里少女的哭叫声，谷川的喘息声、殴打声、东西被打翻的声音。

"谷川这个混蛋，连个小姑娘都搞不定。"山原为他感到丢脸。

佐野、中川、山原、金森几个人发着牢骚，急不可耐地等待着。

谷川走出屋子后，佐野弓着背飞奔进屋里，少女仍然在拼命地抵抗着，伴着佐野的吼声，传来了"咚"的一声，少女被踢倒的声音。

中川和金森越来越像发疯的野狼一样，等着满足兽欲。排在最后的山原听到室内的叫声更激起了他的欲望，得不到满足的他抄起身边的椅子、水壶，一通乱砸。看到甘薯田边上一头吃着甘薯的水牛，不由得拿起佐野的步枪，"砰"地开了一枪，子弹射穿了水牛的肚子，水牛悲鸣着快速向前奔跑，落入了田头的山谷里。

欲火焚身的山原，野兽一般地冲进屋里时，看到少女身上混合着血和泥土，肩和腰部被踢打得变成了紫色，身上的伤口不住地流出鲜血，紧闭着的嘴里也流着血，凌乱的头发缠绕在脖子上，耸动着肩膀大口地喘息着。山原不满地嘟囔着，粗暴地抱起少女放到床上，看着她的脸，少女痛苦地闭着眼睛，好像失去了意识，时不时地抽动着手足。当她又睁开眼睛用微弱的声音叫着，视线停留在山原脸上的瞬间，她突然用满是鲜血的牙齿朝山原的右手咬了下去，疼得跳了起来的山原冲着少女的脸打了一拳，接着用旁边的破衣服捂住少女的脸，然后再次爬了上去……

从呻吟着的少女旁边站起来的山原，感到右手火烧火燎的疼，手上被咬的牙印处流着血，气急败坏的山原冲着少女的腹部踢了一脚。

已经不能动弹的少女充满愤怒和憎恶地盯着山原，山原渐渐地感到脊背发凉，突然猛地捡起落在旁边的高粱秆，一下子捅进了少女的阴部。

动也不能动的少女发出了一声惨叫，向后仰起身体挣扎着，双手不停地抓扯着床铺上的稻草，山原丢下了不停地翻滚的少女，径直走了出去。

上面说的那个日本兵山原就是我。至今，我回想起自己参与的对中国人民犯下的野兽般的行径，就充满了一种罪恶感。作为军国主义侵略者的一员，我对自己所犯下的兽行难辞其咎，罪该万死。被害者中国人民忍受着深深的悲痛，给了我再生的机会，此生无以为报。

罪行无法抹去，历史铭记于心，我会义无反顾地与至今仍想发动战争的军国主义政客们作斗争，坚决阻止战争的发生。我在中国人民和全世界人民的面前发誓：我将用我的余生反对战争，维护和平！

【注】

①本文原载于中国归国者联络会编《天皇的军队——侵略中国》，日本机关报出版中心出版，1988 年 12 月。

②山原良一：原日军三十九师团二三三联队第三大队第三机关枪中队分队、兵长。

在山东黄县山里残杀青年[①]

北野升[②]

那是 1942 年 12 月的中旬。

在山东省东部临海的黄县附近，大队长五十军大佐指挥的五十九师团独立步兵第四十二大队踏着积雪夜行，到达目的地的山顶时，天已经亮了。

此时，在大队长发出了扫荡村落的命令后，数百名日军一齐从小山丘顶上冲向了山谷间的村落。村落中的村民开始向四面八方逃跑。追捕村民的吼叫声在山间回荡。大队本部的指挥所里，数日前捕获的近百名瘦弱的男青年在饥寒中颤抖着。

1942 年 10 月，以五十九师团为中心，加上另外动员的几个旅团开展了由十二军计划的"抓劳工"作战，为"大东亚战争"顺利进行，依次从鲁中、鲁南抓捕居民送到华北、满洲的煤矿甚至日本本土充当劳工。

在新兵和老兵之间都很会来事儿，北野一等兵一边看着分队长东一文军曹的脸色，一边放下塞满中国服装和绸缎的背包，主动要求去抓捕那些中国村民。在得到肯定答复后，他拉起新兵野村飞奔而去。

在五十九师团工兵队服役的北野，当兵两年之间，参加了多次扫荡。在枪林弹雨里杀人、放火、抢劫等，可谓是坏事做绝。此次作战，他受命扫雷，和分队长以下的五人一起被分配到了四十二大队。平时喝酒和玩女人没有落下他的，到了作战和扫荡的时候他更觉得是发财的机会，所以每次都会向内务部门申请参加，绝不错过！

这次也是，正值新年前夕，听说是在鲁东，他就图谋大赚一笔，以便在济南过个好年。

追了四五百米的北野，一直没有捕获目标，就气急败坏地朝着没人影的地方开了一枪。这时，野村报告说前面有人。

100 米开外可以看见有人俯身躲在石头后面向这边张望。北野听到野村报告，就缩着身体，说了几句什么后，取下肩上的枪冲了上去。

那里有个看上去六十多岁的老妇人，用颤抖的身体守护着一个好像是患病了的二十二三岁的男子，也许老妇人明知会被日军抓获所以也没有逃跑，一看就知道她是个住在附近的老百姓，是个长年在田间劳作，与儿子相依为命的老人。北野命令站在后面的野村把他们带走！

嫌新当兵的野村动作慢了，北野大骂他"八嘎牙路"！

被怒斥的野村急忙拽住男青年的手想把他拉出来，老妇人甩开野村的手并不断低头乞求，然后打开包在儿子脚上的破棉布，露出了惨不忍睹的患处，同时她在观察着北野的脸色。看上去这个男子脚跟肿胀成青黑色，涂着黑色的药，小小的一片纸下渗出脓血。见把这家伙送到大队本部也当不成战利品，野村就报告说"这人的脚坏了，走不了路了。"

北野说"这个支那人可以为我们背东西"，一听这话，野村立马来了精神，他一把抓住青年的衣领，皱着眉头把他拉了起来。至今为止抢来的东西都由野村来背，他已经筋疲力尽。吓坏了的老妇人紧紧抱住儿子，本能地推开野村的手，看到这样的情况，北野笑着绕到老人背后，抓住了她的领子用力拽了起来，然而母子俩的双手仍然紧紧地抓在一起。

北野凶狠地咒骂着，一只手高举着枪冲着他们两手间"呼"地开了一枪。瞬间，老妇人瘦小的身体翻倒在雪地上，然而老妇人好像忘记了疼痛，马上又爬向了儿子。北野挥舞着刺刀挡在了老人前面，并命令野村，快来拉住她！

老人知道被日本鬼子带走的人不可能活着回来，她冒着危险挣扎着想站起来。北野见状恶狠狠地朝老妇人的胸口踹去。老妇人惨叫了一声后，仰面倒在了地上一动不动了。她那松树皮一样细细的胳膊在时不时地抽搐。

看了看痉挛着的老妇人的脸，北野急忙紧跟着野村后面离开了。那个拖着伤腿走着的青年，在野村的踢打下已经走出了二十多米，大概他的伤口破了，雪地上留下了斑斑点点黑色的血迹。

走到四五十米时，他们看到本以为已经死了的老妇人踮着小脚，拿着个小包又追了上来。

为了儿子，那个老妇人不知不觉地又赶了上来，她气喘吁吁地把一个用破布包起的东西递到北野眼前。

北野放下枪抢过布包，后退了两三步后开始解布包扣，然而，布包里只有六个冻得硬邦邦的黄米面馒头，大概是老妇人指望至少能带点饭给孩子，所以才拖着伤痛的身体追了上来。老妇人盯着北野的脸，指着被拖走的孩子苦苦求情。

对老人的哀求北野连看也不看一眼，原以为包里有值钱的东西，失望之余他直接把布包砸在了石头上，馒头滚落在雪地里，妇人哭着在雪地里转着捡馒头，滚到北野脚边的馒头被他用军靴踢飞。

那以后的三天里，大队在这附近数次往返，身体结实的人都受不了的山路，让脚上有伤，背负重物的那个中国青年耗尽了体力，然而等着他的是军靴、棍棒交加的殴打，脸和脖子上粘着凝固了的黑色血迹。

分队长对行军迟缓非常生气，他对着北野和新兵命令把这个苦力扔了，货物让他们自己背着走！

于是北野恶狠狠地让野村殴打已经累得不能动的青年。

正在此时，入伍三年的川濑上等兵牵来了一头驴，北野说这是战果，回去时可以一块儿卖了，要小心不要打伤了。像遇到了救命恩人，北野把抢来的棉被和衣服绑在了驴背上，然后抓着青年的衣领把他拽起来，让他牵缰绳，那个可怜的青年又开始蹒跚地走了起来。

野村心情变好了，他跟在马后，向分队前头走去，北野在后面与分队长和川濑走在一起，商量着想把这个中国苦力放了。

川濑却不同意。他建议，为了练胆儿，让野村把那个人杀了。对此分队长马上表示赞同。

不久分队到达山顶，此时已经是午后两点多了，大队停下稍事休息，北野登上了海拔五六百米的山顶，坐在石头上休息。

牵着马缰绳的中国青年，不顾疲劳出神地望着山谷中的村落，同时慢慢向北野靠近，然后摘下粘着凝固着黑色血迹的帽子，很有礼貌地低下头，指着下面的村落说那是他的家乡，乞求放他回去，山下就是三天前他被抓的地方。

北野沉默着扭过身去抽起了烟。那个青年哭着跪在北野的脚下。听到青年的哭声，川濑教训起了北野。

听了川濑的训斥后，北野抓住了青年的手，拉起就走，青年拼死挣脱着北野的手，因为七八米开外就是深深的山谷。

遭到抵抗的北野扑通一声跌倒在了石头上，他先往分队长和川濑所在的方向看了一眼，发现他们正朝这边嘲笑他。

恼羞成怒的北野抓起块石头冲向了青年，劈头盖脸地打了下来，青年头上立刻涌出了鲜血。疯了似的北野仍不罢手，他抓住青年的脖领要把他推下悬崖。全身血染的青年也陷入了疯狂，还有两米、一米，正要被推下去时，青年用尽全力挣脱了北野的手，然后转过身来充满仇恨地大喊着什么，要跟北野拼命。这个满脸鲜血，曾经看起来淳朴的青年的脸，此时在北野眼中变得非常恐怖。北野急忙向后退了两三步，在这瞬间，枪声响起，青年头冲下坠下了悬崖。

满脸冷汗的北野回过神来转身向后张望，他看到拿着步枪手扣扳机的川濑正站在那儿冲这边偷笑。北野露出不好意思的笑容，然后趴在地上向悬崖下窥探。深谷的岩石上，仰面倒着那个青年，飞散的鲜血染红了他身旁的白雪。

本文中的北野就是我。我现在静静地回想当时的情景，惭愧得有种撕心裂肺的感觉。

因为相信所谓的"圣战"，生为老百姓儿子的我，在那个平静的村落里残忍地杀死了和老妇人相依为命的儿子。

每当我想到是中国人民给了我重新做人的机会，让我能自由自在地生活，心里就在反省我所犯下的这些禽兽般的罪行，从而激起我要呼吁世人，绝不能再让这种战争罪行重演的冲动。

【注】

①本文原载于中国归国者联络会编《天皇的军队——侵略中国》，日本

机关报出版中心出版，1988 年 12 月。

②北野升：1919 年生于千叶县。1940 年 12 月在山东省泰山加入独立混成第十旅团。1942 年 3 月作为五十九师团成员编入工兵队。至日本战败参加过数十次对山东济南的扫荡。

严刑拷问为邀功[①]

石原胜夫[②]

一方面为了掌握随着战局的恶化引起的民心动向，另一方面为了镇压中国、朝鲜人民的抗日活动，盘踞在东北的关东宪兵队展开了大规模的抓捕活动，企图扭转战局。

我所在的是驻扎在中国东部国境上的老黑山宪兵分队，主要任务是从事特务活动，分队长是木户三郎少尉。

木户少尉特别针对盘踞在老黑山一带的兵工厂、货物厂、燃料厂派出了军曹以下军衔的四名宪兵，协调部队中野战部队的补给工作。同时为了保证战争的进行，还利用部队对1500多名中国服役劳工的反战抗日民族独立运动进行镇压。我被任命为派遣宪兵主任，指挥三名宪兵部下、七名特务，专门进行特务工作。

我派去在兵工厂潜伏的特务回来报告说，昨晚在部队上工作的服役劳工——王保国，在宿舍外边乘凉时，对他的同事说起自己的亲戚，一个叫张世民（化名）的，现在在鞍山的昭和制钢厂工作，并透露其之前参加过八路军。在我收到这个情报之后不久，鞍山昭和制钢厂就遭到了空袭。

作为支撑日本侵华的国策公司，巨大的昭和制钢厂……八路军的地下工作……这要是能够顺利破案的话，会被直接晋升到司令官的位置吧！想到这里，我不禁兴奋起来。

于是我鼓励特务们努力收集情报，而所谓的证据，其实就是欲加之罪。9 月，我们在兵工厂里逮捕了王保国。

其实，他只不过是 4 月份来顶替一名因病被驱逐出去的劳工的罢了。王保国说如果再让他继续作劳工卖苦力的话，他会被累死的。但之前，他不顾妻儿的劝阻成了一名劳工。

王保国被我严刑拷打，施以水刑等酷刑，强行逼供近一个月。最终王保国因不堪忍受痛苦，承认了我为他安排好的供词。

那年 10 月，老黑山上已是白雪皑皑。我为了抓捕张世民，千里迢迢地赶到鞍山。

鞍山昭和制钢厂正夜以继日地赶着完成"大东亚战争计划"所需的生铁、钢铁、轧钢等其他各种军需材料的生产。三万多名中国劳工在皮鞭和打骂下工作着。

在 7 月份受到的 B29 轰炸机空袭的痕迹，仍随处可见，并未被修复。为我引路的是一个日本人，当他介绍到工厂中央那个供奉天照大神的祠堂没有被轰炸到的情况时，得意洋洋地说："我们日本有神庇佑，一定能取胜！"难得这个日本人能有如此积极乐观的态度，我不禁感到高兴。

我借用从鞍山宪兵分队派遣到昭和制钢厂的宪兵力量，在接近傍晚时分，打探到了张世民是一名上夜班的熔矿炉工。一切安排就绪后，我便埋伏在通往熔矿炉的必经之路上。

"哪个是张世民啊？"我瞪大了眼睛四下张望，这时，身旁的日本人捅了我一下说："那个就是！"

连日的劳作，眼里布满血丝，沁满汗水的破衣服搭在肩上，从四五个工人中默默走过来的张世民，个子比其他工人稍高一些，给人一种骨骼健壮的感觉。看着他那嘎巴响的手腕，"这小子，也许会反抗"想到这，我把手枪的保险打开，决心必要时就开枪打死他。我命令日本人将他骗到小屋后，一下子就给他戴上了手铐。"你们干什么？"他用刺人的目光瞪着我，"为什么抓我，小崽子！"他眼睛里喷着火，嘴角哆嗦着。过一会儿，正要把他押上卡车，从他破衣服口袋里滚出二三个苞米面做的小窝头，好像是妻子给带的夜班饭。他拿戴手铐的手正要去捡，"别动"，我飞起一脚，把小窝头踩在了泥靴下。张世民紧握拳头气得发抖。"你要把我带到哪儿去？"，"住嘴！"我喝道。

　　我脑子里一直认为张世民就是八路军的地下工作者，因此也判断，与张世民在锦州省盖平县张瓦房屯当农民时同住的刘万山就是受他的影响，我便把正在本溪湖昭和钢厂里干着活的刘万山也逮捕了。有着年迈的双亲和妻儿的刘万山是瓦斯工，三十五六岁。在刺鼻的瓦斯气味中干活的刘万山，可能是长期中毒所致，他的脸是黑色的。

　　我非常兴奋，觉得在一直喊着"战果，战果"的木户分队长前有了面子，甚至幻想着弄好了或许能得个司令官奖……并满脸得意地从"奉天站"向分队发了一封"行李很多哈尔滨接站"的电报。

　　我没有把他们当人，而是行李。我就是在他们的领土上闯进来的强盗，夺走了他们一家人生活的支柱，从此这个家庭的痛苦，饿哭的孩子，失去丈夫疼爱的妻子……这些都由我一手造成，而我当时却陶醉在"胜利"中。

　　我在"奉天站"小卖店买了麻绳，麻绳是卖给旅行人捆绑行李用的。因担心只用手铐和脚镣他们会逃跑，所以我就把两人的左右脚用一副脚镣，左右手用一副手铐给铐起来，再用麻绳牢牢地绑上。我在旁边悠闲地抽着烟，被绑着的两个人困难地呼吸着，汗水不停地淌下来。只要看到两人的眼神碰到一起，我就会大声地叫着："不许说话"。

木户少尉听着我报告的逮捕经过，满面笑容地说："辛苦了，别着急，慢慢按计划调查。"

在老黑山宪兵分队的审讯室，10月的阳光透过天井落到房梁上，又反射到上吊拷打用的麻绳、灌凉水的管子、电板凳等刑具上。我身旁是穿着宪兵军曹制服的翻译李东奎，他嘴角挂着残忍的笑容，拿着一把竹刀坐在椅子上。他已杀了几个中国人，因其残忍被雇为翻译。

铸铁工人张世民粗眉毛紧皱着，嘴紧闭成一字形，浓浓的连腮胡子被熔铁炉子的火烤成了黄色。"坐下！"我喝道。张世民瞪我一眼后坐了下来。我在想这个中国工人张世民能跪下求饶吗，他会在暴力面前屈服吗？回答是"不"！

"他是不会轻易招供的。"最初我尽量地好言劝他："吃饭吗？吸烟吗？……你如果老实的话，就会尊重你的人格。"但是，他只说"不要！"……

我看得出来他那对暴力不屑一顾的态度。他是一个胆大的家伙，我强按住心跳故作镇静，"老实说可以放了你"，他什么反应都没有。"叫什么名字？""不知道！""祖籍是哪？""不知道！""王保国是什么人？""不知道！""刘万山呢？""不知道！"他一口一个"不知道"。

"混蛋，让你尝尝厉害。"我给翻译递去两只铅笔。让他挟在了张世民的拇指上，"看你说不说！"翻译大叫着。可是，他依然说："我不知道！"。他的拇指露出了骨头但没破碎，扭曲的脸上冒出油汗。"鬼子，让你看看！"越是给他用刑，他就越是用仇恨的眼光看着我。

"再往上吊！"我命令道。翻译用绳子将张世民的左右拇指绑住，从梁的另一处吊下绳子，让张世民的脚尖刚接到地面，我将绳子的一端绑在柱子上，不断推拉他吊着的身体。这时绳子将他的拇指都勒了进去，露出了拇指的肉，痛得全身汗流浃背。但无论我怎样给他用刑，怎么使他痛苦，我得到的回答只是"不知道"。"停止！"我知道这些都不起作用，只好把他从梁上弄下来，再改用皮鞭抽打，他的皮肤都被打开了，鲜血直流。

打了四五遍之后，他突然将头向旁边的墙壁咚咚猛撞，墙板都撞裂了。这时我和翻译都慌了，"他要自杀？"我把他从墙壁处拉过来。结果这次又将头撞向地板，他的举动让我感到惊慌失措，因为，我不想杀了他，如果他死了，到手的功绩就付之东流了，这也是我怕他死的原因。

张世民的额头破了，鼻的两侧流着血，流到破碎的衣服上，墙壁和地板上也被鲜血染红。"畜生！"我骂道。很显然他在嘲笑我，他用死来捍卫着比他生命更重要的东西。

他擦去额头上流下来的血，两只胳膊合拢到前面像泰山似地坐着，用锐利的眼光看着我，他的眼里分明在说着："怎么样？鬼子，你们是劣等的民族，我是中华民族的儿子，用暴力和权力不能使我屈服。在被你们杀害之前我自己先死，中国的工人和你们不一样，不怕死，我死了中华民族还在，肯定会把你们这些日本帝国主义者从地球上抹掉。看到七月的鞍山爆破了吧？你们的失败只是时间问题。"

"石原军曹，这样的人，我可是头一次见。"翻译累得呼哧呼哧地说。"混蛋！都是你做得不好！"我气急败坏地呵斥着。

我曾经拷问了十几个中国人，但一开始就说"不知道"的只有张世民一个人。如果审问一开始，他稍有松口，我就可以用来编造口供。只要能合乎逻辑，不管什么罪行都可以罗列，不管是善良的农民还是爱国的工人，都可以被判死刑或无期徒刑。通过这样捏造事实，仅老黑山分队就有数名中国人被害，但誓死不屈的张世民被投入狱后，什么都不说，所以我们连一个字都没有得到。

从那以后，我为了"功绩"对张世民进行了疯狂的拷问，灌凉水、上电椅子的严刑拷打，或动之以情，或是在他身边安插特务搞苦肉计等也都被识破，这样经过二十几天绞尽脑汁的拷问都失败了。张世民的坚决态度激励着其他四个人，王保国推翻了前供，刘万山坚决否认和张世民认识。审问张世民时，他就像铁一样硬，坚决不回答，拷打时就想利用酷刑寻死。这就是无论施以任何酷刑都不怕死的张世民。

其实，张世民只要承认和八路军有联系，我就可以将其他的内容编造出来，再把相关的人关进监狱，来增加自己的功绩。但是，坚信日本帝国主义失败，中国人必胜的张世民始终没有屈服。相反屈服的倒是我们这些没有丝毫良知的日本军国主义者。

释放的当天，发车时张世民对我第一次微笑了。这微笑是胜利者的微笑，是嘲笑我的微笑。他回到了有亲人等待的家，回到了反对日本帝国主义的中国人的阵营。

【注】

①本文原载于中国归国者联络会编《天皇的军队——侵略中国》，日本机关报出版中心出版，1988年12月。

②石原腾夫：1918年生于房总半岛。1938年8月至1939年1月在哈尔滨石井细菌部队从事工事建筑，1939年3月作为现役兵再次入侵中国。

为了天皇的"圣战"^①

太田治次

昭和 17 年（1942 年）10 月，我三十岁的时候，作为战时补充兵被招入神奈川沟口部队。那时我的长子刚刚两岁。我们从日本乘船出发经过南京、上海、基隆，于昭和 18 年（1943 年）夏天达到广州，最初被编入"南支派遣军混成旅团节部队渡边部队"。昭和 20 年（1945 年）春天，我被子弹打中住进医院，这期间参加过攻打桂林以及各种以扫荡为名义的作战。

那个女人呢？

为了确保粮食供给，上级命令我们到离驻地五六里的地方征粮。夜里接到了命令，跟着队列就出发了，中途接到了扫荡村子的命令。

老兵们为此个个欢喜，因为可以强奸妇女，杀死所有的动物，抢夺所有的东西。接近黎明，我们包围了一个村子，一阵扫射之后我们冲了进去，结果连个人影也没看到。我们每两个人搜查一户，当我和准尉进入一户的时候，突然从里面跑出一个身穿红衣服二十几岁的女人。准尉命令我："抓住她，别让她跑了"。我跟着她到了里屋，想找值钱的东西。那个女人示意我到二楼，她拿出了手表和戒指恳求放过她。到了二楼我发现这里可以逃走，我一下子产生了放她逃走的想法，如果准尉问起来也可以把这个女人的东西送给他作为补偿。于是我用生硬的中国话说："红衣服明显"，我刚说完，她就换上了一件黑衣服从二楼跑了。

准尉转回来问："那个女人呢？"

"报告，她跑到二楼去了。"

"你个混蛋！"

他跑上二楼，但是那个女人已经跑掉了。

"为战友复仇"

当时还是遇到了游击队，一个队员被子弹打中眉宇，当场死了。我是轻机枪手，他是为我运送弹药的。当时游击队的人很多，我们不得不撤退。第二天夜里，我们增加了队员又出发了，再次遭遇到游击队，一个中尉被打死了。

在抢夺粮食的同时，有十几个没来得及逃跑的中国人成了我们的俘虏。说是俘虏，更确切地说就是村民，我们用铁丝将他们捆绑起来。

第二天，我们将他们带到河边儿，为的是给死去的中尉和队友们报仇。将校将一个俘虏推到前面，教给我们如何用刀砍掉俘虏的脑袋。他说："要利用刀的重力砍下去，不能用力过猛，否则碰到石头刀就会卷刃"。按照他的教法，我们这些新兵开始斩首俘虏，尸体随即倒向河里被水冲走。一个俘虏未等斩首就跳到河里，随即又漂回岸边，被我们抓住杀掉了。我是平生第一次用刀杀了人，当时脑子里有个念头是——"为了给队友复仇"。

战后回到日本，从报纸上看到这样的记载，我所属部队的米山旅团长、渡边部队长被审判时说："在中国的南部和中部，从来没有过残暴行为"。

我们一直信奉为了"圣战"而来，即使是战败的时候也在高喊："为了天皇进攻，为了天皇撤退"，声嘶力竭。当时战死的士兵以及因为营养失调而死去的日本兵，就有 40 人以上，我们把他们的尸体一起埋到了一个坑里。

当年发动战争的人，现在仍然活跃在日本政治舞台上。当年我曾经被欺骗，盲目地踏上的那条侵略之路，今天的日本决不能再走第二次。

【注】

①本文原载 1975 年 9 月 12 日《日中友好新闻》，日中友好协会编。

残杀老少村民[①]

植松楢数[②]

我是在 1942 年 4 月中旬应召到中国战场的。

到达承德宪兵队的当天，队长宪兵中佐安藤次郎就对我进行了训示，即到了中国能杀人才是日本男子的荣誉所在，也是忠君爱国大和魂的表现。这个场景至今记忆犹新。

队长安藤故作威严地耸着肩，一只手还摸着胡子……

"你很有觉悟，但热河是满洲治安最差的地方，是中国共产党的巢穴。住在这里的中国人，都是共产党和他们的亲戚。所以我们日本皇军中的宪兵，最重要的责任就是要把这些匪帮不分男女老少，一网打尽，斩尽杀绝！对他们的宽容，就是助敌行为。为了斩草除根，树木房屋一切不留……"

当时我认为队长的训诫，正是身为帝国军人渡海出征的意义所在，也是对故乡挥舞着旗帜为我送行的人们最好的报答。为了忠实地执行队长的命令，可以献出自己的生命，尽可能地多杀一个中国人，尽可能多烧一间房，是向生身父母尽孝，是对天皇的忠义，更是自己将来荣耀和幸福的唯一保障。总之是为了日本国民的利益，也是我的奋斗目标。

那以后整整三年，我在热河各地袭击中国人，犯下了累累罪行。

1943 年 3 月 19 日，我参加了对热河省兴隆县芳山地区的扫荡。大约 150 人分为三队，去执行游击队长生田省三宪兵大尉的命令，袭击长城县附近芳山西部丘陵地区零散的中国农民，抓捕全部村民，除了青年男子，其他所有人全部枪毙。我所属的佐藤分队十数名宪兵，负责袭击被梯田环绕的洼地上的十数户农家。

由中国探子带路，我和其他宪兵向着洼地爬下梯田，我们在离目标的房屋还有 15 米左右的地方停了下来，屏着气，观察着农家。

时间到了下午 4 点，高粱秸搭起的屋顶上，泥做的烟囱里缓缓升起了炊烟，在早早落山的夕阳中轻轻袅袅。"咔咔"拉开枪栓，匍匐着的一帮宪兵，就像等候猎物的饿狼一样。带路的探子蹑手蹑脚地走下梯田，进入了村子。一瞬间，我感到一种紧张和不安，因为村里太过安静，连潜入村中探子的暗号都听不见。莫不是八路军的便衣已经知道了我们的到来，在打埋伏，探子已经无声地被抓？想到下面将会遭到激烈的抵抗，我不由得趴在田地里紧紧地握着枪。

一会儿，探子的声音在梯田上回荡："跑了，快快！"我像山猫一样冲下庄稼地，不快点儿的话会掉队的。

因为至今为止的扫荡，特别是搜索民宅时，可能会有抓住来不及逃走的年轻女孩儿，得到各种珍贵中国古董的机会。所以要是去晚了的话，别说姑娘，就连破布片这样的战果都得不到，毕竟对我来说最重要的是功绩和晋级。

从背后听到了分队长佐藤下达的"开始搜索"的命令时，十几个全副武装，身穿黑棉袄的一群人从田头冲向村落。曾经静静的村庄中，响起了饭桌打翻的声音和宪兵射击的枪声。

不可思议的是没有村民的喊叫，只有宪兵的吼叫声。我直接冲进了田边的一户农家，屋里除了一个七十岁左右的老妇人裹着一床薄被睡在炕上外并无他人，没有发现一件可疑的东西。可我仍用手枪对着老妇人的脸，穿着鞋上炕去踢她，还掀开她的被子，连炕席都揭了起来，看着我不分青红皂白地破坏着身边的东西，老妇人一声不吭地盯着我的脸，目光充满仇恨，也许是因为生病，没力气出声吧。

对一无所获的结果感到恼怒的我，抓起放在炕前装食物的空陶罐砸向了老人，然后飞奔出去。我气喘吁吁地对从邻家跑出来的同事说："除了老家伙，别的人都跑了。"

没有抓到人的佐藤分队长气得大声喊着："把那些老不死的全给我拉出来！"

泄了气的正在等待着下一个命令的我们，再次冲进了老人和病人躺着的房间。不到 5 分钟就把病得连路都走不动的病人拖到了洼地上。拉来的人都是老人和病人，没有一个年轻人，其中还有怀抱孩子的老妇人。

翻译抓住倒在脚边的白发老人的胸，棍棒交加开始审讯，但老人一声也不吭。

分队长怒声命令使劲打，于是，宪兵们手持棍棒，开始朝被逼跪在地上的二十七八个老人劈头盖脸地打了起来。

我双手持棍，朝被我拉出来的那个七十岁左右老妇人的后背用力打去，呻吟着的老妇人被我一棍打死了。

一直沉默着反抗的二十几个人，难以忍受拷打的痛苦，惨叫声一起响了起来，突然，分队长佐藤下令，这些人一个不留，全部杀掉，包括孩子！

忍受着痛苦，坚决不供出八路军去向的老人们，脸上清楚地表现出视死如归的表情。

说真的，在这片被称为红色北方的热河土地上的农民，浑身有着我们难以理解的不屈性格。我曾毫不费事地杀过几十个农民，里边有至死不吐一言的人，有无法抵抗的青年、病人和女人。杀死他们是件非常简单、毫不费力的事情。听到分队长的命令，我迅速拔出手枪顶在正在被拷问的七个老人身后，他们有的倒在地上，有的坐在地上，我一一将他们枪杀了。

我的同事也和我一样枪杀着老人，直到他们一动不动。

最里边怀抱孩子的老妇人，用自己的身体护着孩子。佐藤军曹冲着紧抱孩子的老妇人开了一枪，老人呻吟了一声死了。佐藤军曹又冲着老妇人的肚子踢了一脚，然后一枪打爆了两岁孩子的头。

洼地像下过了雨似的，27个被枪杀的中国农民和儿童的鲜血，将地面染得黑红。

在还未气绝的老人头上，探子堆上了稻草和高粱秸，接着浇上携带的石油点着了火，然后十几个宪兵手持点燃了的高粱秆和木片放火烧了所有的房屋。高粱秆做的屋顶爆竹似的噼噼啪啪燃烧，火越烧越大，到处是呛人的烟味儿。洼地上27具尸体吱吱地燃烧着，令人毛骨悚然，那种烧人的刺鼻异臭，实在难以形容，这是真正的人间地狱！

普通人面对这样凄惨的场景恐怕一秒也不敢直视，但是对我来说，看着活人身上喷出的鲜血，熊熊燃烧的村庄，听着痛苦呻吟的声音，觉得这就是我渡海参战，来到中国大陆的人生价值所在，当时很庆幸自己生在日本而不是生在中国。那时的我真是个畜生！

【注】

①本文原载于中国归国者联络会编《天皇的军队——侵略中国》，日本

机关报出版中心出版，1988 年 12 月。

②植松楷数：1920 年生于奈良，1942 年作为宪兵侵入中国热河，直到 1945 年 8 月，都在热河、锦州一带活动。回日本后参加"中国归国者联络会"，积极从事反省战争和中日友好活动。

我们在宜昌战场的罪行[①]

江先光　久保田哲二　盐田治雄　立野健次郎　美村美吉[②]

攻打宜昌前夜

从湖北省随县向浙江方向西行，会看到有两座隆起的山包，统称为滚山。

1938 年 10 月，日军占领武汉以来，这座山就成了武汉前线阵地，也是日军在华中的重要据点。

盘山道上可见铁片和数重铁丝网环绕山腹，铁丝网上挂着蓝色的棉布头儿，还有无数裸露的白骨。那是 1939 年 12 月，抗日军队为夺回武汉与日军激烈战斗后留下的痕迹。

滚山正面（西方），笔头山、尖山、风洞山、仙人岩这些抗日军队的阵地就像大浪般相连。在抗日军阵地的四面八方，如果有信号灯从右到左闪烁，所有阵地就会与之密切呼应。

1940 年 4 月，部队在夜晚集合，这次可是大作战。三师团、六师团、十三师团、三十九师团，还有混合成旅团的重炮和山炮等，一共集中了十多门，又从南京调来一个连队的坦克，航空师团的战斗机也开始频繁起飞。

因为国民党政府把重庆定为首都，粉碎了日本速战速决的计划。日军需要扩大占领地区，进一步掠夺资源。以武汉为中心的湖北粮仓盛产的米、棉、油，还有东洋第一大的炼钢厂生产的钢铁，这对今后作战是不可缺少的，最重要的是这些都可以通过扬子江运回到日本。

"拿下宜昌"，这是大本营发出的命令。之前盘踞在南京的日军总司令官大将西尾寿造来到汉口，十一军司令官中将冈部和一郎为督战奔赴应城。就这样，进攻宜昌的计划确立下来，滚山被当作宜昌之战的突破点。

由于这次作战是在长达数百里的地区进行，这就需要有很好的后勤补养，大城市和交通道路就显得格外重要。为此，日军选择了浙江外面通往唐县镇，枣阳、襄阳的大公路和城市，因为它们之间有襄宜公路相连。

突然滚山的右侧响起了枪声，也许是二三三连队已经开始进攻徐家店，也许是二三三连队在娘娘庙附近烧毁民宅，火光冲天。

现在，以三十九师团为主力的将近四万兵力集结在此，装备有野战重炮和坦克独立山炮等，正准备一起向抗日地区发起攻击。

问不出道路，杀了农民

集合完毕，各个部队长叫来了自己的侦察兵，目的是派他们到抗日军的前线搜集情报。

二三一连队的横山大佐为了保住先遣连队长的面子，要求一大队长吉满少佐也派遣侦察兵，吉满便把这个任务交给了一中队长梅野大尉。可是到了傍晚侦察兵还没回来。吉满少佐焦急地询问梅野回来了没有？得到的是否定的回答。

这时，三中队的二反田上等兵带领新兵中祖、木岛、渡边等也来到本部进行联络。

"大队长阁下！大队长阁下"传令兵报告来了。

不久梅野回来了。吉满少佐听了梅野大尉的报告后，扫视着眼前被抓来的农民们。吉满想通过这些农民知道坦克进入笔头山阵地的道路。他示意当过警察的喜多村上等兵审讯。喜多村拿着大约三尺长的竹鞭抽在那个中国农民的头上，用带有威胁的中国话说："有能走牛车的路吗？"

"不知道。"

喜多村一下暴跳起来："什么？老百姓竟然不知道牛车能走的路？"

周围的士兵也跟着起哄说："喜多村，这家伙小看你了！"

今田于是拿出秤杆儿砸向那个男人，一个束发的妇女连滚带爬地奔过来，挡在了被打男人的前面。六岁左右的男孩儿"哇"地哭了起来，也跑过来抱住了父亲的腿。

旁边的二反田赶紧跑过来，用力把妇女的手反绑了起来。

打人的今田好像受到了谴责似地说："倔强的家伙"，然后看着吉满。吉满气急败坏地说："如果不说就杀了孩子。"喜多村举起蜡烛，用另一支手把孩子的脸托起来说："把孩子杀了，行吗？"说完，他把三尺多长的竹鞭子顶到男人的头上，用中国话加重语气喊道："有没有牛车可走的道路？"

山本粗暴地把孩子的手放在了石头上，孩子吓得连声音都发不出来了，只是流着眼泪。今田从士兵手里拽过一条枪，对准孩子的手，"砰"的一声，短促的声音伴随着孩子尖利的嚎叫，孩子的 5 个手指被打碎了。

今田跟着喊道："想要命就赶紧痛快地说出来。"愤怒的老太婆颤抖着说："鬼子，这么小的孩子你们要把他怎么样？"边说边流泪。

手握军刀的吉满把椅子踢翻过来了，只见他向那个男人跨了一步，号叫着挥刀从男人的肩上斜砍了下去。女人和孩子还有老太婆见状一起爬向了倒下的男人。吉满站稳之后，一边擦着脸上的血一边喊："把他们都给我杀了！"

从日军的滚山阵地到抗日的笔头山，直线距离大约 1500 米。白天结束了对阵地的最后侦察，各个部队长开始举行宴会。

帐篷里面，三十九师团长村上启作和今田参谋长正在谋划着，凳子下面扔着很多空威士忌酒瓶，还有几个凌乱的螃蟹罐头盒子。

今田问山崎参谋："连队还没有新情报？"

山崎回答说："二三一连队的将校侦察兵抓了六名农民。现在吉满少佐在亲自审问能让坦克通行的道路。"村上叮嘱说："明天就是总攻了要抓紧搞情报。"

"已经给各个连队下达了命令，极力寻找情报，可是这里附近的情况特殊，村民的抗日意识特别强。"山崎回答道。

次郎店的女战士

木岛在广岛的十一连队接受了三个月的训练，被派遣到华中的三十九师团二三一连队三中队。当时是 4 月初，木岛刚来到中国就马上被拉来参战了。

师团长村上命令各个连队在浙江集合，同时还发布命令让"二三一连队彻底扫荡在次郎店附近的新四军根据地……"根据这道命令，4月22日，连队特意从河口镇进入山岳地带，沿着一条破旧的山道，准备袭击被称为新四军根据地的次郎店。

太阳已经偏向西面的山峰。走出松林，看到了大约有百户人家的村落，那就是次郎店。次郎店被一半红土筑起的土墙包围着，有的土墙都半塌了，土墙的下面大约三十米，有一条小河在流淌，河面也就五米多宽。

今年1月，冬季攻势反击作战回程的路上，从京汉线的杨家寨到这条路上扫荡回来时，已经给这个村落放过火了，但是现在可以看到很多家的屋顶都换上了新苇子。

木岛站在松树荫下窥探。如果说是新四军的根据地，那应该有铁丝网或者碉堡，可是怎么看那里都像一个普通村落，村里有人。西岛看到中队已经很近了，就好像已经占领了村庄似地想要从坡上跑下来。突然对面"砰！砰！"地响起了枪声。看样子敌人人数不多。他本想凭借人多突击，可是只要冲出去，就会"砰！"地响起枪声。负责火箭筒的落合一等兵中枪，胸部被打穿后倒下了。子弹并不密集，但是准确度很高。意识到遭到阻击了，大家不约而同地退了下来。

大队长吉满一看就跑过来了，他一边挥着军刀，一边在后面的土堆下面喊叫着，催促其他士兵往前冲。

六挺机关枪终于排成一字开始扫射，也不知新四军是从哪里射击的，只要感到危险的地方日军都连续扫射。可是新四军还是能忽左忽右地进行巧妙阻击。日军又有人中弹了，四处不断响起呻吟声。

"挺住！加油！他们没有多少人。"西岛喊着，转头看着二反田。但是二反田并不想冲出去。

一个小时后，枪声渐渐弱了。

"突击！"西岛班长先冲了出去。越过河，登上红土坡，眼前的农家院子里有个石臼，旁边躺着一个女兵，卧倒在地上的年轻女战士肩上挂着的弹囊被鲜血染红，军服都破了，紧握着拳头。

"唔！原来是个女人……"西岛随后叫道，"把她给我扒光了，去检查下仓库。"

正当木岛和中祖想要上前的时候，好像死了一样的女兵突然瞪起双眼，直视过来。吓得木岛和中祖不由得倒退了几步。

"你们好好给我看着，来打野战的人不敢杀人，怎么能成为真正的士兵……"西岛说完就拔出了腰上的剑，跳到女兵前面就插了下去。女兵的身体软了下去，紧捏着的拳头也松开了。西岛又从仓库拿来小刀，开始切女战士的裤子。

"新兵给我好好看着！"说着他竟然把女兵的大腿肉割了下来。

"把这个用布包上带走"，说完就把女兵的腿肉递到了木岛前面。

横山部队渡过小河和次郎店的部队会合，并扎下了营地。夕阳西下的次郎店村里响起各种声音，有砸门的声音，还有捣墙声，有的房间还响起了锣声。

木岛拿着煮好茶的水壶，来到了西岛军曹的房间，只见西岛一边吃着肉汤锅，一边正在喝酒。他知道西岛那肉汤锅里是什么肉，出门后就把胃里的东西都呕出来了。

用坦克碾压俘虏

各个部队找红了眼睛，也没有找到可以让坦克行进的道路，可是，师团长村上启作却向各个部队发出了攻击的命令。5 月 1 日早上 7 点，观测球遥遥升起。

嗵！嗵！嗵！重炮阵地一起开火了。

滚山正面以土垒环绕的笔头山阵地为首，尖山、风洞山等抗日军阵地的山上冒起了无数烟柱。

"毒瓦斯弹"，"快戴上防毒面具！"听到后面传来的声音，大家急忙戴上了防毒面具。炮声持续了数刻，毒气和炮烟在敌方阵地翻卷，从南面十三师团的那边飞来了 20 多架轰炸机，开始对笔头山阵地进行轰炸。眼前的土垒在一阵轰鸣下崩溃，绿草如茵的山峰立刻变成了黑褐色，

坦克也突然伴随着炮声行动了起来。

"突击！突击了！"喊叫声催赶着士兵，一直藏在岩石下的人影开始行动，二三一连队右侧是三大队，左侧是第一大队尾随着 30 辆坦克。

虽然通过了鹿岩，但是没有听到一声枪响，离崩溃的土垒还有 50 米左右，坦克突然被钉子钉住了似的不动了。

"完了，坦克陷阱！"

"嗒嗒！嗒！"至目前为止毫无动静的抗日军阵地突然一起开枪，同时二线阵地的马克西姆重机关枪也射出子弹。森冈一等兵把头伸进了岩石缝里，捧着护身符。一中队长梅野大尉跑着跑着就"啊"的一声倒下了，木岛不顾一切地把头贴在了地面上，枪声好像就在耳边，身体根本就不敢动。中田居然趴着就中了枪，子弹打在头部，他死了。

这时前面的坦克突然一声巨响，开始滑向山谷。开动起来的坦克是"柞树"和"奈良"。当"柞树"慌忙要返回的时候，从碉堡里面突然冲出来五六个中国战士，手里举着成捆的手榴弹。着急的"柞树"在突然回转的时候，撞上了右面的"奈良"，一下子发出巨大的声响，"奈良"滑落山谷。

三中队长细田把脸贴在红土上，还叫着"冲！"，一看到藏在自

己身边的柴田，就继续趴在地上说："哎！你怎么不冲?"，还挥动了下军刀。柴田刚要抬起头冲上去，就听"啪嗒"一声，他连一句话都没说出来，就中枪死了。

这时，横山正在5百米高的山崖上举着望远镜看着第一和第三大队，却突然左右蹦跳着高喊："通信兵，赶快呼叫战斗司令部的参谋长"。横山说完就趴在了电话机前，请求再次炮火支援。

第二次炮击开始了，连队利用这个时间，终于推进了两百米。这时在北面攻击徐家店的二三三连队又开始了激烈射击，伴随着持续激烈地炮轰，一线和二线阵地落下数百发炮弹击中，可是从阵地射出的枪声却没有停止过。就这样利用瓦斯毒气弹，第一和第三连队交替着进攻，终于占领了笔头山。

太阳已经开始偏西。细田中尉四处看着跳了上去，首先看到的是胸部受伤咬着牙的战士，于是他走到战士前面，高举军刀砍了下去，接着就疯了似地连续砍了起来，好像要显示着什么。

战壕中有的战士用湿毛巾当口罩捂着嘴，有的战士紧紧抱着手榴弹倒在地上吐着血，还有握着担架倒在地上的女护士，抗日战士都是被毒气给毒死的。

一旦占领了阵地，大家都变得勇敢起来，士兵们又在已经死了的抗日战士身上捅起刀来，不时还听到间或响起的枪声。第三机关枪手真田对着负伤战士的头，一个、两个地数着，边走边开枪射杀。这边的高桥不知杀了多少人，累得提着刀站在那里直喘粗气。

木岛和田中对着一个伤兵战士冲了上去，他们尽量躲避着战士紧盯过来的目光把刺刀扎了下去，"轰"的一声，瞬间黑烟滚滚，只见田中捂着胸口在呻吟，高桥扶起田中。原来这个伤兵在木岛和田中冲上来的瞬间拉响了手榴弹。

实际上如果没有毒气弹，这个阵地根本就不会陷落，田中被搀扶着送了下去。

三大队和一大队都突入了抗日军阵地，杀死了很多负伤的抗日战士，由于楠畑大队长发出了"要抓俘虏"的命令，才开始抓捕那些被毒气熏倒的抗日战士和伤员。有的抗日战士紧咬着牙关，有的人浑身是血，都被抓来了，没有一个人身体是完好，就这样30多个抗日战士被抓到了洼地的菜田里。

吉满走过来看着菜田里的抗日战士，命令把两个受伤的女抗日战士拉过来。

被拉扯到吉满前面的两个女人，单手撑着受伤的身体，也许就二十岁上下。吉满不容分说挥刀砍了下去。这时第三大队长楠畑跑了过来说："联队长阁下，不管哪个俘虏都是没用的废物，处分了吧？"横山说："那就按照你喜欢的办法干吧"。

突然，侧面站着的坦克中队长松村大尉瞪着眼睛上来喊到："联队长阁下，让我干吧"。松村跑过去上了最前面的坦克，从上面的孔中探出半个身子，吼道："把这些俘虏都压死，跟上来。"五台坦克好像巨大的老虎开向洼地。

抗日战士开始骚动起来，左右躲闪，可是他们都负伤了，根本无法自由走动，一个，两个，三个人……，坦克不断从抗日战士的头上、身体上辗过，夹在链条上的肉块喷出血水……

"马上就让你轻松"

二三三连队攻击的徐家店方向，依然炮声震天。包扎所在大约一公里左右的地方。

小岛卫生兵找到卫生军曹，小心翼翼地问："我们的伤兵安排在哪儿合适？"

军曹一看患者是二等兵，就顺手指着田间说："放那儿就行。"太阳当头，光线十分强烈，放下担架，田中醒了过来，微微睁开眼睛说："这是哪儿？""这里有军医阁下，马上就会给你治疗的"，木岛带着鼓励的语气说。这时畑军医跑了过来。他们通过帐篷的缝隙往里面一看，只见畑军医对着帐篷里的一名伤员说："梅野大尉您辛苦了，您的伤没有生命危险，已经联络好了，让飞机接您撤退到汉口。"说完，就认真地给梅野大尉注射了预防破伤风针。

在帐篷门口看到木岛和小西，畑军医立刻训斥道："你们干什么呢？把患者放下立刻回去。"

木岛和小西只好放下田中赶回部队去了。

一直目送着他们离去后，田中忍着激烈的疼痛喊道："军医阁下"。一看田中是二等兵，畑军医的态度立刻变得冷淡。

田中用沙哑的声音问到："我，我还能活吗？国内只有母亲一个人了。"

"混蛋！你是帝国的军人吗？不觉得对不起天皇吗？"畑军医带着轻蔑的口气说完就走了。田中忍着泪水，成群的苍蝇嗡叫着向他飞来。

把将校们的伤处理得差不多了，畑军医把井出叫到了帐篷里说："这么多患者，野战医院也处理不过来，军医长下令让各个部队自己处理伤兵，你明白吧？"他话里有话地告诉井出。

"明白！"说完井出拿出了画着红线的注射器。

"马上就让你轻松了"。一听说要给自己治疗了，重伤兵都感到非常喜悦，忍着痛苦，尽量不发出呻吟，井出就开始给他们一个一个注射。

田中、山口、东、山田都安静下来，身体变得冰冷僵硬。

太田死了

右边一线在徐家店附近的二三三连队也终于开始攻击松林的抗日军阵地。二三一连队是通过主道奔枣阳去的。路过唐县阵、兴隆集，明天就能到达枣阳了。木岛艰难地行走着。

不远处的道旁横山看见有五六名士兵围成一圈儿，有个将校在用脚踹着倒在地上的一等兵太田，太田因为中暑无法行动了。分队长西岛见状走了过来，他拎起太田的一条腿拖向麦田，全然不管太田的头在地上磕磕碰碰。二反田和新兵木岛跑过去照顾太田。只见太田忽左忽右地翻着白眼，但是动作越来越弱，最后好像要抓住什么似的，稍微动了动。二反田想要让太田凉快下，给他把衣扣解开了，太田的嘴唇微微动了一下，就翻白眼了。

士兵们都好像被晒得脸上喷盐似的，伸长着脖子，脸红得好像中暑，摇晃着向前走去。步兵队的队伍拉得很长，后面是野炮车卷着沙尘和烟雾，其中居然有一台不知从哪里弄来的牛车，上面被盖住了。当牛车走到前面的洼地，突然大幅度晃了一下，隐约看到盖布下面有个被绑着的姑娘，也许是被抓时受的伤，嘴唇流着血。

木岛一下子想起杂囊里放着的一个"套"，那是为了找女人时安全起见，作战出发前发的。

师团司令部的队列过来了，联络飞行队的飞机在头上掠过，麦穗被气流刮得一阵翻滚。

"什么东西掉下来了"，不知谁大声喊了起来。师团司令部的五六个士兵跑向了降落伞。

"又是给师团长们送专用的富士山水的。"

这些部队后面的师团经理部的队列里，中国人比日本兵还多，大约有300多人，他们的衣服都被汗水湿透了，肩膀挑着担子，蹒跚而行，他们挑的是师团长的洗澡桶、床铺、真丝被子、酒、还有香烟等。

一个背着东西的老农摇晃了几下倒下不动了，瘦弱的一等兵抬起脚踢向了老农的头部，随后又拽过来一个满身汗水的年轻农民，指着老农的东西，让他去挑。年轻农民本来摇晃着走过来的，突然瞪着一等兵，把肩上的东西往地下一扔，就跑向了相反的稻田。

"砰！"的一声枪响，一等兵赶紧站立瞄准开枪，年轻农民倒在了麦田里。

太田死了，二反田和西山开始挖坑要把太田埋掉。为了把遗品交给遗属，二反田伸手查看太田的包裹，里面有一枚不知从哪儿来的银戒指和一张照片。照片上是太田的孩子，一个两岁左右的女孩儿甜美地笑着。埋完了尸体，他们随着最后面的辎重队前行。

那天，木岛他们没有追上部队，他们也在辎重部队宿营的村子边上找到一间民房休息，房子周围都是树，村子里响起了怒骂声。

木岛被西山踢得醒过来时，西边响起了雷鸣般的炮声。"开始攻击枣阳了"，二反田因为经历了"九·一八"事变，熟知部队的情况，二反田和木岛继续追赶前面的部队。走着走着只见有个看上去不到三十岁的女人胸被刺穿了，白色衣服被鲜血染红，女人的私处被青竹贯穿，上面挂着指路的标示。

走了还不到一里地，右侧的田里就看到了野战炮的队列，看样子已经放了很多炮弹了，弹夹散落一地，一个一等兵在拔鸡毛。

木岛走近部队，那个拔鸡毛的一等兵嬉皮笑脸地说："一线已经进入枣阳了。现在那边进展顺利。"木岛去找水，走了大约50米左右，意外地看见一个大水池，伸手试探，下面的水还很凉。木岛打好水站起来一看，大约20多米的前面，一个女人头发纷乱，下半身沉在水中，已经死了。从脖子到后背都是红色的鲜血。木岛想起了昨天的事情，转头看着一等兵。

一等兵指着那边说，"那是昨天的……，旁边一个牛车已经空了。"

"将校想干了那个女的，没能得手，就杀了，今天班长又去抓女人去了。"

晚上，木岛一行终于追上了在枣阳郊外正在做饭的中队。

木岛他们看到细田将饭桌搬到了树荫下，喝着酒，脸涨得通红。

二反田走过去报告。

细田不耐烦地眯瞪着眼，拿着酒盅，也不答话。旁边坐着一起喝酒的西岛帮着腔说："那个麻烦处理掉了吗？还磨蹭什么，马上出发，这个胆小鬼！"

"喂！西岛，看不起新兵吗，老子跟别人不一样，满洲事变时老子就在，你敢瞧不起俺！"平时话不多的二反田动了怒。

西岛一时脸都吓得变了色。

"二反田，你说什么呢？"细田训斥道，"喂，新兵，拿酒来，拿酒！"

二反田毫不客气，一屁股坐了下来。细田的脸也变了，带着士兵菊元走了。

"哼，还跟地主老财的崽子喝酒，把自己升官看得比当兵的命都值钱，再胡来，小心枪子儿不是从前面来的……"二反田朝着他们的背影骂。细田走了，西岛也慌忙起身走了。

"功勋归将军"

木岛他们傍晚时分赶上大部队，部队也马上向太平镇出发，部队连夜行军，到达胡家店时，下起了细雨。二三三联队还在太平镇作战，由于师团决定从草店撤回枣阳，二三一联队就驻扎在了草店，因为有电报说，三师团在太平镇北一公里处。

草店是一个有 200 户人家的村落，村子的东西南北都有红土望楼。走过一条林荫道，看到白色的墙壁上写着一行血红的大字"抗战到底！"村上在马背上瞥眼看着，皱起眉头。再往前走了走，又看见用日语写的一行长句子："日本兵们，你们为什么打仗，死的是士兵，功勋归将军"，也是鲜红鲜红的大字。

不等读完，村上的脸色就变了，让马停步。他命令中村参谋立即把那些标语擦掉，不要让士兵看见，村上吼道："这一带抗日意识很厉害啊，今天我们在县城宿营，叫各部队听令官集合，一定要彻底扫荡。"

"是，立即做好准备。"中村参谋回答着。

师团长以下各位幕僚全都集中到了一座被树环绕的大院里，在院中的一角，中村参谋正在召集各部队的听令官开会。

"这一带抗日意识很强"，中村参谋说着拿出了一张传单。中村说："决不能让士兵看到这些传单，持有并传看者严惩！"中村停顿了一下，接着说："师团要以枣阳为中心休整几天，要把附近彻底变成无人地带！"

接到命令后，师团直属部队和二三〇联队向枣阳进发，联合扫荡附近的村庄。

　　木岛是和乘松、中祖一起随中队出发的，但不知从何时起又跟二反田和新谷混到了一处，他们搜查了几户农家，但没有发现什么新东西。

　　"什么都拿跑了。"新谷嘟囔着。这时，二反田从里间喊了一声，"这家的房子大，说不定有点什么"。木岛向二反田发出喊声的方向慌忙跑去。光线昏暗的房间里，一个约莫十七八岁的姑娘面色苍白，双手攥在胸前，咬着牙，躲在墙边。二反田张开双臂，一点一点地向姑娘逼近。

　　是个漂亮女孩儿，木岛想着，睁大了眼睛傻看着。

　　"喂，木岛，你到外面去放哨!"新谷骂了声木岛，木岛才回过神来，懊丧地走了出去。

　　"呼! 呼!"一阵枪响，从前方 300 米左右的村落跑出一个农民，他穿过麦田的时候被打倒在地上。

　　流弹呼啸着飞过屋顶，"好危险啊，开枪也不瞄准点"，木岛嘟囔着走出去又返了回来，他把耳朵贴在门上，向里面窥探。咚的一声响，像是有人在扔东西。女人的尖叫声，夹杂着新谷的怪叫声。

　　木岛走进旁边的屋子，小心翼翼地搜索壁橱。在房间的一角，摆放着一个缸，里面有两斗米。"这怎么办……"他突然掀翻了缸，再用沾满了泥土的脏鞋猛踩。突然，木岛听到一声撕心裂肺的叫声，"真的干了"，木岛慌忙跑过去，要把耳朵贴在门上，突然门被一脚踢开，新谷跑了出来。像是被指甲抓伤的痕迹，新谷的脸上挂着几道紫色的印痕。

　　"那个女的到底怎么了?"木岛又羡慕又好奇地走进屋内。昏暗的屋内是一片血泊，少女的肚子上扎着一根竹枪，血从竹枪的根部还在往外涌，散乱的头发……，还是一个少女啊!

"木岛，干什么呢？"被二反田骂了一声，木岛才回过神儿来，跑了出来。

士兵们在各家各户进进出出。

"喂，那个村子里可能是中队吧，咱们走吧。"三人向枪声响起的村落走去。

那个村子叫郭庄，是一个只有 30 户人家的村子。

在村子的前面有一座稍高的小土堆，机枪被架在土堆上，旁边站着中村参谋和中队长西川中尉，手上拿着望远镜。小队长岛田曹长指挥小队在挨家挨户地搜查，并用枪刺扎向一座座麦秆堆。

"喂，一定要好好找，还有藏着的。"岛田挥舞着军刀，叫骂着。院子中间，有七个老太太坐在地上。

"集合！"岛田喊道。这时，中村参谋长命令西川中尉，让新兵们拿这些老太太练刺杀。西川传达了参谋长的意思，新兵们听了脸一下子都青了，手也在发抖。

那几个老年人好像也听明白了，"俺们都会被这些鬼子杀掉。"五个被集中来的老汉在向四个老太太靠拢，用手保护着老太太。"俺们都是百姓，为什么要杀俺们？"一个高个儿的老汉喊着。另一个老汉接着喊道："你们把我们的家都烧成了那样……"

老太太则捶胸顿足地诅咒着。

这一切都不能让士兵停住脚步。"刺杀，这是皇军的本领，勇敢的人向前来。"岛田叫喊着。在千山扎过伤兵的品川得意地出列，汤浅、太田、广兼、小笠他们也逐个地站在了老人们面前。持枪的手在发抖，站在边上的木岛嘲笑地看着他们。"举枪！"一排刺刀对准了老人们。

"向前！向前！"，"向后！向后！"随着岛田的喊声，新兵的脚步也在前后移动。

"杀!"岛田的喊声刚落,有个白胡子老人一下子站了起来,紧握着的右手剧烈地颤动,别的老人和老太太也都一齐站了起来,他们都挥着拳头,一点一点地向中间靠拢。

新兵的刺刀停下了。"刺啊,刺杀,刺杀!"岛田一边挥舞着战刀,一边喊叫,品川的刺刀扎进了一个老太太的胸部。

星出的刺刀被一个老人紧紧地握在了手里,星出的脸一下子就变青了,他慌忙地向后抽枪,但就像被压住了一块岩石,抽不出来,也刺不进去。

"干什么呢!"岛田张开大嘴,挥舞着军刀,砍向老人的肩部。"混蛋!这还能杀人吗,再这么没用,我就杀了他。""快刺啊,快刺!"岛田叫喊着。

"啊,啊……"老汉和老太太都在呻吟,新兵的刺刀扎进了老汉和老太太的胸部和腹部。

"停!"一直到岛田喊停为止,新兵们都像疯了一样不停地将刺刀扎进老汉和老太太的尸体。

院子深处,师团长村上启作和往常一样,在房间中拉上白布,将运来的折叠床展开,铺上绢被,盘腿坐在上面。

村上总算放下心来,开始享用从日本用飞机运来的水沏好的茶和汉口的小妾送来的羊羹。

一个农民被分尸

部队终于到达了掷桃湖附近,快到宿营地了。"喂,今天可以早点休息了",二反田对自己的部下说。现在是 5 点,住地一定下来,士兵们就扔下行囊，开始到处去抢夺，一个方圆 3 公里大小的村落被抢劫一空，然后被烧掉。

木岛侵入的一个农民家有 3 个房间。

床下面常常藏有酒，木岛想着，弯下身子，往里面窥探。"有人！"木岛睁大了眼睛，"是个女的，还是个小姑娘。现在就我一个人，周围谁都没有……干她一家伙，反正她最后得死，大家都这么干。"木岛向四周张望了一下喊道："出来！出来！"

……地上的女人头发蓬乱不堪，嘴角流着血，……她开始还不断地反抗，木岛死命地掐住女人的脖子，最后看她不动了。

木岛望着女人的尸体，呆站着，"不能让人看见"……他跑出屋子，将收割好的麦秸堆在门口，最后点着了火。火苗一下就串了起来。这时，西山走了过来。"喂，找到什么了吗？"木岛端起装了酒的坛子，脸又立即转向了起火的地方。

"喂，你的脸怎么被划了？"西山着看木岛，木岛也不答话，摸了一下自己的脸，血沾到了手上。木岛看着手上的血迹，开始觉得自己眼睛下面火辣辣地痛。这时，那个他以为已经死了的女人突然叫喊起来："娘！鬼子，鬼子！"木岛呆立着，突然屋顶被烧塌掉了下来。

"木岛，快拿着东西回去吧，再不回去没时间吃了。"士兵们从四面八方拿着自己抢来的东西在往回赶，他们肩扛手提着鸡、酒、鸡蛋、大米、衣服……周围的村庄各家各户都在冒着黑烟，被大火吞噬。

终于回到了宿营地，酒鬼二反田把手伸进木岛抢来的酒坛子里，用嘴舔了一下手指说："嗯，好酒，今天咱们慢慢享用。"中祖知道二反田喝好了就高兴，逢迎着说："分队长，我去做生鸡片"，像是看着主人的脸色，中祖提起了鸡。士兵们到处都在用大锅煮着抢来的食物。

新兵们为饭菜奔忙着。这时，森冈一等兵跑了过来。"分队长，现在工兵要把人处以分尸。""什么，分尸？有点意思，咱们去看看。"正常人想不到的事儿士兵们都能想出来。在这个村子边上的草地上，一个农民被五花大绑，被一群士兵包围着。

"呀！呀！"一个叫江木的军曹正手持一根青竹扎一个40岁左右男人的头，他嘴里骂着："这个家伙！刚才我正要抓一个小姑娘，就是他捣乱，让她跑了。"江木越说越气愤，"捣乱的家伙，无论他是什么人，都要给他分尸，用火烧死他。"江木还接着唠叨："就是因为有他这样的人，俺们中队才几乎全军覆没。你们看着，现在我就要报仇了。"

"干掉他！干掉他！"高桥曹长在后面跟着叫喊。

那农民长叹了一声，摇着头说："俺就是个农民，我活了50岁了，每天就是干农活，我有五个孩子，都好好地在干活。"

"喂，把这个家伙带到那边去吧，也让他们看看，警告他们一下。"今田说道。草地边上40米开外的桑树有一群农民站在那里。

那是一群从很远的河口镇抓来的壮丁，每天都让他们背很重的东西，让他们干活，大概有五六十人吧。一开始时，大概有两百人左右，途中除去杀死的，累死的，就剩下了这么多人，这些人都是在家干农活的农民。

"又出什么事了？"农民们不安地看着，嚷嚷起来。

"喂，你们看好了，你们哪个人胆敢跟皇军作对，就是这个下场。"江木叫喊着，把那个农民的一条腿绑在了桑树上，另一条腿拴在了马身上。

"坐下！坐下！"哨兵慌忙地将枪栓拉上，瞄准了骚动的他们，可能是有谁实在看不下去了，喊了一声。

"安静，喊什么！""谁喊的，把他拽出来！"

农民们一起站了起来……接着响起了枪声，哨兵对天放了几枪。

被绑着的那个农民脸朝那群农民说了句什么，好像是在说"谢谢"。

"混蛋！"江木猛地将马鞭抽向了马的屁股，马顿时狂奔起来。"小鬼子，禽兽！"农民们都站了起来，骂声一片。

只听得扑哧一声，那个农民的一条腿被拽断了，露出了惨白的骨头，从农民的裤腿下面血不停地往下淌。被撕裂的农民的下半身喷射出来的鲜血染红了周围的地面。

"坐下！坐下！否则枪毙了你们。"士兵端起上了刺刀的枪吓唬站起来的农民。

那天夜里，木岛喝得烂醉，将头扎进草堆中睡着了。二反田裸露着胸毛，像猪一样地倒在地上。

"岗哨！岗哨！"这是杉本军曹的声音。"是"，中祖跳起来跑出去。"喂！叫醒小队的人，马上出发，敌人来了，把小队长叫来。"

"小队长，集合。""喂，快点火。"

外面有人叫着"快点"，"集合！集合啦！"那是细田中尉的声音。"喂，不要让那些苦力跑了，抓住他们！"不知是谁喊了一声。

大家终于列队完毕，进入行军队伍。

……连续行军了两天，终于又来到了四天前来过的白河，大家都松了口气。

"快，快过河。"一直都在部队队尾的师团司令部这回抢先过了河。吉满大队负责警戒，直到各部队渡河完毕。枪声渐渐地越来越近，抗日部队的大反攻开始了。

"为什么那么慢，再不快过，一会儿就要吃子弹了。"吉满大队的士兵对着刚刚过来的方向打了几枪。大队过河后，工兵队在桥上浇上了油，点着了，桥冒着黑烟烧了起来。士兵们都在窃窃私语，说得救了，终于放下心来的大队看到桥被烧毁后，拼命地追赶联队去了。

大地在血雨中呻吟

在白河被敌军打败了，逃走的师团为了鼓舞士气，休整了一个星期，这期间士兵们烧杀抢掠，强奸，什么都干……终于，当官的认为士兵的士气找回来了，为了下一次战斗，转到了忽树湾。

这个村庄被枣林包围着，南侧有一条四米宽的大道，连接襄阳和汉水河畔的宜城，部队很久以前曾经路过这儿。

"据说终于要渡汉水了。""在白河捡了条命回来，刚刚伸了一下腰，马上就要打了。""畜生，不知什么时候就见阎王了，喝死了也没有关系……"无论是士兵还是军官，都没有忘记白河之战的惨烈。

三十九师团的司令部设在一个带望楼的房子里。

师团长村上坐在一张大红的桌子前，旁边是专田和中村，他们认真地看着地图。

"阁下，这附近村落的边上看不到散兵游勇的踪迹。"专田参谋长手持航空照片对着地图。"宜城上游八公里至十二公里的附近正好两岸都是沙滩……如果我们能够尽快从这里渡河……"专田又说："据迄今为止的报告，我们还剩下野战炮各一门，普通弹90发，另外还有燃烧弹和毒气弹……，加上二三二联队的毒气战小队有各种红桶窒息弹200枚。二三一联队和二三三联队还没有上报，大体上差不多。下一次补给要到荆门的安隆道了，总之，要在这儿猛攻他一家伙。"

"嗯"，村上点着头，像是在说，毒气弹、燃烧弹，有了这些，这次一定给他们来个赶尽杀绝。

中村参谋马上接着说："阁下，那么说今晚要各部队前进到这一线？"他手指着地图，在看村上的脸色。"嗯，好！绝对不能让农民察觉到我们的行动目的，要彻底保密，这是渡河奇袭的诀窍。"

现在部队要渡过汉水，汉水别名又叫襄河，它南北向穿过湖北，注入长江。汉水河宽即使在这附近也得七八百米，是一条大河，是水运的要冲。为了呼应三十九师团的渡河，三师团作为右翼，准备在北面的襄阳附近渡河，十三师团准备在下游的沙洋镇附近渡河。

看着不舒服就杀了

渡河时间越来越近。师团所有大炮的射击指挥所就设在司令部的前面。各野炮大队和山炮大队等一共集中了60门炮。黄色通信线穿过树林，像蜘蛛网一样向指挥所集中。

野炮联队长岩田大佐在前边的麦田里和中村参谋一道，领着部下野村大队长、观测小队长河上中尉以及司令部的气象观测班长渡边，为了发射毒气弹，在进行最后一次气象观测。

"渡边技术员，怎么样，再等最后十分钟。"中村参谋在一旁焦急地催促着。"是，风向西南偏西，风速每秒一米……最佳时机。"听了渡边的话，中村好像放了心，返回了司令部。

走到河边的木岛等八人将埋在沙滩里的折叠式小艇挖了出来，扛在了肩上。呼！呼！只听一阵枪响，三色信号弹飞上了天空，攻击开始了！

四处的大炮一齐吐出火舌。

"毒气弹，90发……""第一标定点右二分击火弹10发……"野村少佐手握电话的听筒叫喊着。

在连续的炮声中，木岛他们几乎听不到船的引擎声，只是紧贴着船底趴着。咚！突然船撞在了什么上面。"下船！"木岛的屁股被二反田推了一下，木岛慌忙地跳下船。眼前是一团燃烧的火焰，将沙滩照得通红。

部队在大山庙右侧突起处登陆成功。木岛他们背对着河里刮过来的河风，躲避着毒气弹，开始卖力地挖战壕。

炮声持续了两个小时，毒气弹、燃烧弹等等，数千发炮弹打到了对岸明王店至大山庙一带。

从下游宜城的方向不断地传来枪声，那是二三二联队渡河的地方。木岛、中祖、森冈，他们都将胸紧贴在白河的沙滩上。在绵延数公里的沙滩上，一整夜都传来挖沙子的声音。

各自散开的队伍开始集结。"三中队集合！"在喧嚣的噪音中传来了指挥班长杉田军曹的声音。听到集合的命令，大家都松了口气，站了起来。

大队终于穿过沙滩，到土丘上集合。宽5米的襄荆公路沿着汉水的河堤南北贯通，连接荆门和襄阳。

燃烧殆尽的柱子间，到处都是农民的尸体，有的尸体抱着孩子，看上去是个女的，如果不是这样，根本就分不出男女，情景十分惨烈。

"心情很不好。"森冈嘟囔着。

"森冈！你老说那些丧气的话，杀人的事儿还没开始呢。"西山接着说。部队现在是沿着汉水的河畔向襄阳的方向北上。联队从烧焦的荒野中一条白色的 5 米宽的路向北走。

"喂，瞧那家伙好像还有一口气。"随着二反田的声音，森冈回头望去。只见在炮弹炸开树枝的一棵树下，一个近 40 岁的农民倒在那里，浑身是血，眼睛盯着通过的部队。

森冈被那尖锐的目光刺了一下，"畜生！俺来杀了你。"森冈走过去，突然将枪对准了农民的头，"呼"地打了一枪。"喂，森冈，你这么做多吓人啊。"西山喊道。

"上等兵，这可不是玩笑，我杀他就是因为看着就难受，被他那样看着多可怕呀。"森冈跑着回到了队伍中。

第一大队当前锋，当联队走到小河镇时，突然接到了师团要求停下的命令。小河是汉水边上有很多枣树的一座小镇，大概有两百户人家，商店街上，茶店、药店、纸店，应有尽有，联队走进了这个小镇的中心。

二反田分队占据了一个大的杂屋，他们偷偷地到里面的小屋翻腾了一下，找到了一个装着酒的坛子，拿到院子边上的白杨树下喝了起来。

"喂，宣布明天的任务。"喝了一口后，高桥环视了一下四周，二、三分队长也凑了过来。"明天我们要从今天来的路返回，因此这儿就放弃了，所以房子什么的统统烧掉，明天的任务不轻，早点睡吧。"高桥说完好像还没喝够，就匆忙地走了。

所到之处，尽遭焚毁

第二天早上，联队在小河的街边开始集结。"高桥曹长，三中队烧那个村子……，机关枪和本部烧这个村……，赶快行动，30 分钟后出发!"吉满直接叫骂着指挥各中队。

各中队的放火班扔下行囊散向四方,木岛和中祖跑在了高桥曹长的前面,后面是二反田、西山和渡边。

木岛先是拿点着的麦秆束将最近的一户农家的草屋顶点着了,这家的屋里进门处、院子里以及屋檐下,到处都是刚刚收割的麦秸。房间里有桌子、壁橱和锄,敞开的大门上贴着"出门大吉"的红字。

随着噼噼啪啪燃烧的声音,木岛连续点着了好几家,到第四家时,是间瓦房。

"这家伙好像不太好弄。"木岛站住了,但里面传出了呻吟声。回头看时,西山从门口处跑了出来,手上握着带血的刺刀。"把稻草堆在那儿,烧!"西山指着里面的一间房。

木岛和中祖丢下枪,抱着麦秸,往屋里放,进了屋才发现,一个白发老人横躺在地上,双手捂着鲜血染红的胸部,挣扎着,正对着入口处,眼睛像是在盯着木岛。看着他额头的皱纹、常年劳作的大手,"啊,多像父亲啊!"木岛迟疑地后退了一下,但马上想到:"傻瓜,这怎么能像父亲呢?"

中祖可没管这么多,直接把麦秆扔到了老人身上。"随他去吧",木岛也把麦秸扔到老人身上。

"这样不行,火烧不到天棚,再拿来点。"中祖督促着木岛自己先出去了。木岛在呻吟的老人身上放上了桌子、椅子和油壶,碰到什么就拿什么。"这回够了",中祖和乘松把运来的麦秸放到了上面。

"来个火葬!"木岛用火柴点火。

火势一下子起来了,眼看着就烧到了天棚。

"行了,走吧。"西山在外面叫他们,木岛慌慌张张地跑了出来。回头望去,从小河镇向左出发的一中队方向那边也是浓烟滚滚。

"这家伙，还藏起来了。"西山突然对着池塘放了两枪，水沫飞溅，鲜血染红了挣扎的漩涡。一个老人攥着拳头，倒着身子一点一点地沉了下去。

"喂！集合了！迅速返回。"高桥曹长一声令下，士兵们擦着汗，折回集合地点。

小河镇两百多户人家，都陷入一片火海。联队主力已开始出发。吉满在马上催促士兵加快速度。

"喂，刚才在那家杀了一家七口，太厉害了。'死了也要恨死你们'，从窗户里传出的骂声好像是死前的诅咒……"

大队殿后，从小河镇最后一个出发，按命令向南进发。可能是在联队之前出发的二三三联队放的火，道路两旁的村落全都冒着黑烟。

"落后了就完了。"木岛在队伍中咬着牙跟着，部队后撤了大约十公里后，避开了大道，进入了麦田中的小道，激烈的枪炮声和爆炸声越来越近。

吉满突然把马停住了，用马鞭指着右前方 200 米冒着浓烟的一个村落大声喊道："喂，把那两个家伙干掉。"村边有两个老太太大声嚷嚷着，手提水桶，拿大舀子往房子上洒水。木岛从队伍中迅速跑出，想在大队长面前一发命中，可老太太根本就不管枪声，不顾一切地往房子上泼水。一发，两发，三发，木岛越是焦急越是打不中。

"喂，新兵，别光看着，来个射击训练。"二反田对着身边的中祖和渡边说。"呼呼"，"呼呼"……，子弹不断地落在老太太的身上，舀子飞向了空中，两个老太太和水桶一块倒了下去，木岛终于放心地垂下枪。

根据收到的无线电报的内容："二三二联队在雷家河一线激战"。部队再次行动，太阳偏西时，联队终于达到了雷河的河岸边叫雷家河的一个小镇。枪声向南方远去了，100 户的这个小镇也笼罩在火焰中。

在镇边上的一处农田中，有一个 30 多岁的农民手握镰刀倒在血泊中，他的头被打得裂开了，田地上散乱地丢弃着露眼儿的钢盔和带血的脱脂棉。

把农民当作地雷探测器

从荆门出发，二三一联队沿着荆宜公路向育溪河的方向前进。有一段道路又被削窄了，路中间只留下了可通行一人的窄道，两侧的农田积满了水。

"咚！"的一声巨响，眼前顷刻间变成了一片火海。士兵们一下都被炸趴下了，尖兵的头上哗地落下了土沙，还有黏黏糊糊的血肉。

木岛将脸紧紧地贴在地上。

"敌人！"不过，什么声音都没有了。山本的下半身被炸飞了，整个人倒着扎在了旁边的田里。

木岛的跟前落下了山本的一条腿，他睁开眼就吓得手脚发抖，倒抽了一口冷气。

"地雷，地雷！"细田中尉慌乱地叫道。森冈被吓坏了，两眼呆呆地看着自己的脚下。

"喂！尖兵在干什么？"驱马赶来的吉满用脚踢着马腹，叫骂着。

"细田！细田！能不能快点，二三三联队和二三二联队都跑到了前面，你不知道吗？走大道的我们反而落后，不是丢尽了鲤城健儿的脸了吗？"

"是，马上前进。"所谓鲤城健儿指的是广岛青年，鲤城原来是封建大名浅野的居城，吉满是借封建的武士道来激发将士不服输的斗志。听到这儿，细田喊叫着："高桥，立刻前进！"

"是！"接到命令后高桥喊道："你们分队负责侦查……到小队前面50米处。"

"什么？终于轮到我们了。"森冈嘟囔着。西山上等兵催促道："怕什么！快去！木岛、中祖，磨蹭什么！"

倒霉的新兵打头阵，木岛摸了摸背囊，迈开了步子。原来毫不在意的道路现在看上去尽是坑坑洼洼，还有许多石子。每迈一步，都在想会不会踩到地雷。

终于到了岗上。"唉"，中祖不禁叹了口气。这时，高桥在后面喊了一声："等一下。"大家回头看时，发现高桥将一直扛着粮食和蔬菜的四个农民赶到前面来了。

农民弯着身子，扛着重重的东西，看上去都在四十岁出头。

"喂，你们把所有的绳子都找出来，结成一个长绳子。""是！"他们将四个农民纵向捆成一列，将绳子的另一端交给了木岛。

"喂，让他们走在前面，你在后面10米处跟着，别让他们跑了。"

"还是高桥军曹啊，真是想了个好主意。"西山奉承道。"怎么样，这叫简易地雷探测器，炸飞了没关系，有足够的储备，哈哈哈哈。"高桥得意地说道。

"咚咚"，远处清溪河方向的二三二联队处不时传来炮声。

"出发，快走！"高桥命令道。木岛拽了一下绳子，高声喊道："快走！"推了一下农民的后背。

扛着粮食和蔬菜的农民摇摇晃晃地走着，走在前面矮个的40岁左右的农民突然停住回头说："我不愿意，我走不了。"像是附和着他，其他的三个农民也跟着喊了起来。前进了的部队又停下了。这要是被大队长骂了可不得了，二反田喊道："走不走？"用枪托猛击农民的后背。

倒地的农民弯着身子瞪着二反田。

"喂，走不走？再不走打死你们。"高桥拔出日本刀喊道。木岛拽着绳子，把农民拉起来，看着高桥的脸色，突然喊道："你们走还是不走，不走老子叫你们走。"说着用刺刀顶着农民的后背，用脚蹬踹农民的腿、膝盖。农民的腿上流出了鲜血。

"快走！"木岛再次拽着绳子，将农民弄起来，用刺刀顶着农民的后背，让他们走。

队列又开始动起来。"快！"木岛在后面叫着。走过了一条山谷，森冈仿佛恢复了精神，高喊道："这回安全了。"

"难道这一路上就用一颗地雷来吓唬我们。"乘松说。过了山谷，士兵们的脚步都变得轻快了，原来一直战战兢兢的森冈也精神抖擞地迈开了大步。

"喂，木岛，中队长可是担心你了。"

"是吗，我始终觉得对不起死去的中川。"

"不过，你在那以后也拿杀人不当回事了。"

"哼，我才不是为了中队长杀人呢，多杀一个人，我是为了拯救日本，我是想让战争快点结束，我才不管什么中队长。"

"嘘！"木岛的声音太大，中祖担心地看了看西山那边。……部队过了一个小丘，又走向一个山谷，农民的脚步变得沉重，速度也慢了下来。

"快！快！"森冈来劲地喊着。接下来的路也被弄窄了许多，路宽仅容一人通过，农民们走一步停一步，来到中间时，一个农民的身子突然歪了一下，"咚"的一声，一股黑烟，一阵耀眼的闪光，木岛赶紧趴了下去，头上砂砾雨点般飞了下来。

"啊！"中祖叫了一下。

"中祖，没事吧？"

"嘿，吓死我了。"中祖站了起来，两个农民当场被炸死，一个农民受了伤，捂着胸部呻吟着。"吓了我一跳。"中祖说着抱起一块头一样大小的石头砸向农民的头部。

森冈突然向农民的头部开了一枪，……农民身上喷出的鲜血染红了小沟。由于受到惊吓，加上同伴被杀，另外一个农民坐在那儿一动也不动。"站起来！你小子别想反抗。""咣"的一声，二反田用枪托砸了一下农民的头，农民的头一下就流出了鲜血。

"走，快走！""还不站起来！"木岛使劲儿地踢踹农民。

农民呻吟着，挺了一下后背，用眼睛瞪了一下。

突然上空传来一阵轰鸣声，地面传来机枪扫射的响声，啊！是飞机在扫射。

"育溪河已经不远了。"换上新的农民在前面探路后，队伍又动了起来。

滚他妈的"国际法"

第三天早上，丸子山的天空笼罩着乌云。由于遇到抗日部队的抵抗，二一三联队整个一天半都被迫停在了丸子山的山谷中，被打散了，兵力减半，三中队也仅剩下了六十余人。不过，为了功名，横山的架势是要自己的联队一定要"拿下当阳"，他一遍一遍地喊着"前进！前进！"

伴随着炸弹的爆炸声，上空的飞机在攀升，飞机发出的轰鸣声压过了枪声。5架，10架……黑烟笼罩了天空。部队被赶着前进，终于在午前来到沮水河岸。河岸的对面是二重楼的城门，也笼罩在黑烟中。右面稍高的小丘上，抗日战士仍在顽强地抵抗。

昨天，高桥将小队集中在山的一角，躲过了炮弹，总算捡了性命。但白天就不行了。加上高桥被大队长任命为代理中队长，这使他像野猪一样要往前冲。

"喂，中祖，加点小心，到了这儿，就别再丢了性命了。"木岛说。

"是啊，你瞧，森冈那家伙，跑到了那儿。"森冈一改之前的样子，贴在地上，向前爬行。在清溪河，三小队的人捡了一块银表和一支钢笔。木岛的眼前浮现了一块金表，木岛生下来到现在还没有一块手表。前方的土包又被炸飞了。身后的高桥挥舞着军刀高喊"前进"，沮河上跨度在70米的桥梁正在被火舌吞灭。

"快点过河，快点！"枪弹嗖嗖地从头顶飞过，把河边上的石子儿都打得飞了起来。

士兵们强行渡河，过河后发现一块洼地，跳了进去。到处是轰炸的痕迹，弥漫着血腥的气味，几天前开始的轰炸已造成了数百具尸体及四处散落的脚、头和手……木岛马上又开始跑了起来。当他把手搭在柳树上，探出上身往前看时，划过脸庞的树枝上挂着肉片，他马上把脸躲开……这时中祖和乘松跑了过来。

森冈向一个女尸体靠近，从女人的手腕上摘下手环，放到了自己的挎包中。"真能干"，木岛睁大了眼睛看着，也想迈出一步。突然，一声巨响。"迫击炮！"二反田高声叫道。

一中队士兵在百米开外的20多户村落中弓着腰，一个一个地往前跳。

一大队本部到达左边的河土堤后，只听到后面有人在喊："三中队，三中队，把那个医院扫荡了。"二反田站起身子，发现眼前是个白墙的大建筑，矗立在柳树丛中，建筑物中间大大的红十字清晰可见。"好了，就是它了，一分队，上！"二反田冲了出去，木岛也连滚带爬地冲了上去。

"咣"的一声，用身体撞开了大门，跳进楼里，一个一个房间地挨着搜索。"喂，怎么什么都没有啊？"背后传来中祖的声音。木岛来到最里面的一个房间门前，猛地打开了门，跳进屋内。

"不许进来！"突然一个女的喊叫声，让木岛停下了脚步。原来是一个穿着白色制服的女护士站在那里，瞪着木岛。不就是一个女的吗，木岛恢复了勇气，端着枪，环视房间。

"怎么了？怎么了？"森冈、中祖、乘松听到声音都挤了进来。"这里是医院。这里住的都是伤兵。"听到这凛然不可侵犯的声音，他们几个都不由得倒退几步。

"喂，说什么呢？"他们几个站在门口面面相觑。护士的眼睛瞪着门口，胳膊上套着红十字袖标……里面的床上躺着八个伤兵。有的躺在床上动弹不得，有的支起半个身子望着这边。

"喂，怎么了？"高桥迈着方步走了过来。"中队长，这儿有人，这儿有人。"看到高桥来了，森冈像得救了一样，叫着。

"干什么呢"，高桥推开众人，走到前面，将军刀支在地上，高声叫道："这些家伙昨天还在抵抗，你们干什么呢，赶紧将毯子给我拿掉。"随着高桥的叫声，木岛像是得了势，跑到前面，拿刺刀将毯子挑掉。

"不行，不能拿掉！"跑到战士身边的护士按住了木岛挑掉的毯子。

"讨厌，啰嗦什么。"木岛用尽力气甩动刺刀，枪顶在了护士的胸上，护士踉踉跄跄地倒下，侧腹部撞在床上。"小鬼子，干什么!"战士们忘我地站起身来，握紧的拳头颤动着。高桥仔细打量着，"把他们统统杀掉!"他大喊道。中祖又得了势，握紧了上了刺刀的枪。护士和战士们看到这儿，一起大喊道："住手!"中祖被吓住了，护士顺势推着中祖的刺刀……中祖被迫向后退了两三步。

这时，护士突然发出了响亮的声音："这里是医院，按国际法医院是不容侵犯的。"

高桥一时被吓住了，但马上扯开嗓子，像是要盖过护士的声音，高喊道："什么，滚他妈的国际法……把他们干掉，把护士拉出去。"西山一下子扑了上去。

"你干什么，啊，好痛，好痛!"西山的手被咬了。

床上的伤员要站起来，帮助护士，但却从床上掉了下去。高桥又喊了起来："二反田，干什么呢，快拉出去!"二反田扑向护士。

护士也顾不上自己，要去救从床上滑落的战士。二反田和西山趁机将护士从后面卡住脖子，拖了出去。

"就是他们杀了中队长和战友……把他们杀掉!"高桥挥舞着日本刀向一个战士斜肩砍去。

木岛也跳上床，将刺刀刺向一个战士的胸膛，血染红了白布。

"这些家伙，干扎也扎不死。"木岛、中祖、乘松，他们疯狂地猛刺，但无论怎么刺，战士们的眼睛都死盯着你，仿佛他们还活着。

二反田和西山把护士拖到了外面的一棵柳树下。护士头发蓬乱，鲜血从额头上流出来。提着血刀的高桥跑了过去，高喊道："喂，把她扒光了。"

这时只见护士将一个白色的块状物吞了下去，并静静地坐下，美丽的脸庞眼看着失去了血色。

"干什么呢，快点！"高桥跺着脚，叫骂着。木岛、中祖刚要扑上去时，护士一下子向前倒了下去。"啊，死了。"士兵们倒吸了一口气。

高桥带着酒气，喊道："混蛋，死了？"说着，发泄似地将刀刺向了女护士的胸部。

鲜血和人骨垒成的碉堡

不管死多少士兵，都一个劲儿地催兵向前，部队终于到了水昌店。从水昌店开始进入山道，又走了 17 里，士兵们刚喘了口气，又来了命令："放好防毒面具，各部队各出两名弱兵看管好。"好像是要准备打宜昌了。

本来抗日部队就不使用毒气，如果己方再不想使用，那防毒面具就成了无用之物，不过，并不是说，他们不想用。无论怎么说，谁先攻进宜昌，谁就得了头功。涉及到功劳问题，将军们并不在乎同根相煎，到了不得已时，连敌人和友军一块儿毒杀，他们也不在意。被这样的将军们夺走了灵魂的士兵则只知道"上官的命令就是朕的命令"，愚蠢地跑到死。

木岛和中祖都咬着牙在跑。一些人累得精疲力竭，倒了下去，但部队不管这些，继续跑下去。

从黄店到鸦雀岭，再到土门亚，到宜昌还剩下半里路的地方，有一个地方叫杨又路，部队到达这里时，十三师团已经包围了宜昌。

挂着军刀站着的高桥军曹骂道："畜生！十三师团进城了，真是可惜了。"大家都以奇怪的眼光看着高桥。

跑呀跑，跑到最后没有收获……不过，大家都很高兴，因为不用掉脑袋了。

不过，这也是暂时的，日军占领了的地方，又一个一个地被夺了回去。"运输通道危险""撤回""永久占领宜昌"，派遣军总司令西尾寿造一个接一个地下达了命令。

三十九师团撤回了荆门。第二三一联队从埋有很多地雷的大烟筒集附近向北进发，第一大队被安排在右面的李家河，第三大队被指派到左面的黄家集，第二大队被安排做联队预备队。从师团整体的态势看，师团司令部设在了荆门，以荆门为中心，北面是第二三二联队的大泽部队，至东北部的汉水对岸约 40 公里的这部分，由第二三三联队的吉川部队控制，西部的左翼由第二三一联队的横山部队掌管。

部队的态势经过整顿后，村上启作师团长下达了命令："各部队采取一切措施让驻扎地附近不留一个老鼠，要彻底扫荡，制造无人地带。"依照村上的命令，各部队开始构建阵地，造兵营，毁掉农田，建设军用道路。

第二三一联队在横山大佐的指挥下以第一和第三大队为主力，构建阵地，其余的部队建造兵营，将农民赶出村落，对房屋进行改造。预备队的第二大队是建设道路的主力。

制造无人地带

根据师团长的命令，吉满少佐带领着各队兵力，计划今天对第三中队驻扎的姑牛岭东侧的山谷进行扫荡。

这儿是一个稍高一点的小丘。山坳的各处，农民的瓦屋顶闪着光亮。小畑中尉用望远镜瞭望了一会，回过头来下达了命令。

"喂，命令！高桥小队立即沿着右面的山脊突入那片洼地，把位于山麓的那12户农家全部烧掉。"小畑叫着。

进攻当阳时，细田中尉死掉了，小畑就当上了第三中队长。

这时，突然后方传来一声叫骂："小畑！"

"喂，三中队在干什么？还不快行动。"

小畑立刻站了起来，高喊道："高桥小队，前进！"不过，又被吉满叫住了。吉满慢慢地爬上一个小土包，环视了一下周围。"这次咱们仗打得很好……但战争还没有结束。我们师团这次负责这一带的警戒。""因此，为了不让敌人利用这附近的农民，要彻底扫荡，把所有房屋都烧掉。部队近处的房屋要留作建筑材料，但远处的从这儿往外的全部烧掉。好吧，大家要发挥抢渡汉水时的那种武勇，现在我们的行动就是战斗，就当是战斗好好打！不过，这次不要把男的杀掉，以便留作构建阵地和修路用，明白了吗？明白了就赶紧行动！"吉满一口气喊完了。

木岛冲了出去，后面跟着中祖。

这里是李家和姑牛岭的前面，从两三天前开始，山谷间就冒着浓烟。东西10公里，南北5公里，都要无人化，在这个计划之下，房子全部烧掉。近处的房屋，桌子、椅子留下，栋梁和砖瓦抢走，其余的全部烧光，山上的树木也用作建筑材料，重的用于建碉堡。

从山上山下抓来的农民在一锹一镐地挖着。一个军官举着手，一处接一处地测量，目的是建一条6米宽的军用道路。

"畜生，你这个小混蛋，就是不干活。"福山上等兵跑过来猛地将一个十五六岁的少年踢飞了。少年歪着身子倒下了，之后，又慢慢地站了起来。不过，细细的脖颈好像马上就要折了一样，一下子向前又倒了下去。在周围挖土的农民都扔下手中的活，盯着看。

"喂！喂！你们都不干了？""这些家伙，怎么这么慢。""这什么时候能把路修好。"

"躲开！躲开！"这时，突然对面来了一群扛着松木的人，大概有80多人，脚下卷起了沙尘。旁边还有人催促着："快走！快走!"人群当中还有一个年纪在十三岁左右的小男孩扛着一根直径10公分、长5米多的原木，摇摇晃晃地走着，脸颊上带着血迹，估计是被打的。走了一会儿，男孩终于筋疲力尽，摇晃着倒了下去。

"喂！小子!"山川上等兵龇着牙，用右脚猛踹男孩的腰部，男孩的脸贴在了地上，已经不能动了。

"喂，谁是采伐长?"骑着马的森大尉飞奔而来。

上等兵市川非常懒散地回答说："他在山上。"大尉瞪了一眼，追问道："砍了多少根，知不知道?"柴山军曹快步走出来说："现在在山上有200根。"

"是吗？仅联队本部就需要3000根，告诉他们，今明两天内就要凑齐。"说完了，联队副官森大尉打马而去。在他的身后，是50人一组和100人一组的农民搬运队。

"分队长阁下，今天咱们去哪里?"木岛回过头问二反田。"嗯，就那户人家吧。"二反田用手指着不远处的两间房子说。他们分队15人正要去找盖房顶用的板条。昨天，他们正在拆房屋时，被游击队发现，一阵枪战后，他们勉强逃回了中队……看来今天的目标不远，大家都松了口气。森冈轻松地说："我现在可是好话好说，咱们到底在这山里还要待多久?""是啊，都跟山贼一样。"中祖附和道。

刚刚砍伐的直径5寸的松木整齐地堆放着，200根一堆或是300根一堆。

过了松林，二反田说："喂，这附近好像还没有人来过。一定有好东西。"

"今天把那个瓦房拆掉。乘松，你和谷村到后面的山上负责警戒！"乘松跑了过去。分队分成两组，向那个瓦房走去。推了推门，没开。

"咦，门锁着呢，砸开！"木岛抄起十字镐，朝门砸去。

"喂，后面的门可能好砸一些。"说着，渡边绕到后面去了。

把门砸开后，木岛刚要跳进去，但马上停住了脚步。屏息望去，一个六十岁老人站在屋子中间，右手拿着烟袋杆，瞪着木岛。本来以为没有人，木岛吓了一跳。

"喂，有个老头！"随着木岛的叫声，二反田领着西山和中祖进来了。"什么，还有人？"二反田走到老人的旁边，想要抓住老人的肩膀。"干什么？"老人大喝一声，把二反田吓了一跳。二反田也不示弱，耸着肩膀吓唬道："什么，不要命了！"他瞪着老人，但没有扑上去。

这时，只听见有人喊着："还有人，还有人，快过去！"从后门进来的渡边、森冈、西田等用刺刀逼着老太太、小孩和妇女等共计六人走了过来。二反田说："木岛，把他们都带出去，中祖、森冈，你们大家把房子给我拆了。"

"好的"，木岛用手抓住一个五岁左右小孩的右手，以为只要将小孩弄出去，他们就都会跟着出去。孩子"哇"的一声哭了，孩子妈妈模样的女人上来一把抓住木岛的手，夺过孩子。二反田看到这儿，吼道："好！你们就是游击队，给我干掉。"

"哼，已经二十多天没杀人了，老子憋不住了。"森冈说着吓人的大话，一下子扑了上来，刺刀一下扎进老太太的胸部。

老太太呻吟着，倒了下去。那个女人捡起一只鞋朝森冈的脸砸过去，然后马上抱起了老太太，喊着"娘"。老太太脖颈已经抬不起来了，但眼睛还瞪着。

"奶奶，奶奶！"孩子们围了上来，抓住了奶奶的手，盯着奶奶的脸。一个八岁左右的小女孩用仇恨的目光瞪着森冈，突然，三岁的小女孩哇的一声哭了出来。

"你们要干什么！"那个老头不知什么时候从椅子上站了起来，瞪着双眼，右手举着烟管，一步一步地逼了过来。

"把他们统统砸死，都是游击队。"二反田叫喊着。

西山、渡边、中祖手持撬棍、棒子和十字镐，一起打了过去。

木岛举起斧头，老人挡住了他。木岛的斧头劈向老人的头颅，一下子把老人的头劈开了，鲜血喷射出来……一瞬间，木岛也失去了感觉，木岛被人从后边砸了一下。

"木岛，木岛！挺住！"有人旁边喊着。中祖盯着木岛看，二反田、渡边、西山，大家的脸都凑了过来。

"好了，既然木岛醒了过来，就做撤回的准备吧"

木岛上身被扶起，但还是摇摇晃晃的。中祖过来揉搓木岛的后背，仔细一看是一片鲜血。"木岛，打你的家伙就是他。我替你报仇了。"中祖自豪地告诉木岛。在风车的边上躺着一个30多岁的青年，胸前流着鲜血，眼睛好像睁着，手紧紧地攥着一根扁担，扁担也被鲜血染红了。

木岛摇摇晃晃地想站稳，看看周围，那个女人的后背还插着一把十字镐，旁边躺着那个老人，额头裂开了。木岛没有能再站稳，摇晃了两下向后倒去，死了。

【注】

①本文原载于中国归国者联络会编《天皇的军队——侵略中国》，日本机关报出版中心出版，1988 年 12 月。

②本文作者均为侵华日军宜昌战役参加者，当时的任职如下：

江先光：第三十九师团二三三联队一大中队四中队，小队长，曹长。

久保田哲二：第三十九师团二三一联队一大队一机关枪中队，联络负责人，曹长。

盐田治雄：第三十九师团二三一联队三大队三机关枪中队，分队长，伍长。

立野健次郎：第三十九师团二三一联队一大队一中队，联络负责人，曹长。

美村美吉：第三十九师团二三一联队二大队二机关枪中队，复分任官，军曹。

航船上的罪恶[①]

五十岚勇[②]

1939 年 5 月的一个中午，当时我作为一名大连水上警察署特高外事系船舶警察，与中国巡捕邹德福正在执勤。按照系主任警部加藤广治的指示，乘坐阿波国兄弟汽船股份有限公司排水量约为 2500 吨的第十六"共同号"在大连、芝罘、威海卫、青岛间的返程途中。

在铜锣的响声中离岸的这艘船，渐渐加速，四五个中国水手正拿着喷水的胶皮管清洗甲板。

自午后 5 点起航起，已经过了 2 个小时了，我对一、三等船舱的大约 20 多名乘客进行了临时检查之后，回到船室休息。正当我一边从包里拿出纸张一边跟邹巡捕商量，明早如何对四等船舱里的 220 人左右的乘客进行临时检查的时候，突然传来一声长鸣的汽笛声，接着又是一声。不久便从嵌着厚厚玻璃的圆形窗户里看到，三四名船员从甲板上跑到船尾。我并没有太在意，将包放在床上，正准备和巡捕一起出去看下究竟的时候，村田事务长急急忙忙地冲进来，说："二号船里堆积的黄磷火柴起火，引发了火灾，四等舱的乘客们发生了骚乱，拜托您来处理一下。"他丢下这句话便匆忙地离开了。

我让邹巡捕去现场查看情况，自己上甲板上去找船长，了解货物的情况和着火的原因。船仍旧向前行驶着，我心想船上的火灾并不是什么大事儿，便爬上了船桥。

船长正在航海日记上记录着什么，我针对是否要返回青岛，是否要发无线电求助等问题，向船长询问。

"电报已经发出了，我们也在全力救火，船还在继续航行。"宫村船长说。就在这时，一级驾驶员柳田冲了上来："船长，二号船舱已经被大火包围，四等舱的舱门一旦被打开的话，会加大火势，把舱门关上如何？"他说出了自己的意见。

船长的神情紧张了起来，"船舱里还有多少人，乘客并没有全部撤出吗！""还有一半左右，百数十人的样子，但是旁边就是发动机室，如若不赶紧关闭舱门加水进去的话，就完了！"听到柳田的回答，我才感到事情的危险性，急忙向后甲板上跑去。

这个二号船舱在船尾，被隔成两部分，前半部分装满了货物，后半部分为一个三段式的船舱，舱内铺着一张草席，作为大连、青岛之间，200多名中国四等舱乘客三天两晚的客房。这批四等舱乘客都是来自山东、河北等地，为了生存，准备由青岛港出发，经由大连，前往遥远的东北寻求找生路。

后甲板上的舱口和船两侧的过道都被堆积的棉被、包袱、家具等行李堵得严严实实，黑烟从缝隙中冒出来。想从货物中寻找自己的行李的人们挤成一团。

滚滚浓烟从敞开的升降口里涌出，浓烟下面，孩子找爸爸的哭喊声，怀抱婴儿的妇女找丈夫的呼喊声，老太太求助的叫喊声交织在一起。我看到一些人痛苦挣扎着跑出来，还有一些年轻力壮的人正在拼命向上爬。这时，宫村船长跑到我面前说："我已经让日本船员们将舱门锁上了，虽然舱内还有一半左右的乘客没有逃出来，但是因为隔壁就是发动机室，如若不然，非常危险……"大家都清楚地知道，如果不想让整条船被烧毁，只能出此下策。

那时，一级驾驶员柳田下属的六七个船员，都开始一块一块地搬运沉重的盖板，进行舱门封锁。行李堆积如山，几乎无立足之地，加之聚集着的人群拥挤不堪，搬运的人手不足，要在人群中搬运长达四米的盖板，显得非常困难。

从舱门里面传来人们激烈的叫喊声，还有许多人不顾安危，冲回舱内寻找骨肉至亲。舱门渐渐地缩小，从舱内涌出强烈的热流和浓浓的黑烟。为了寻找行李，人们推推搡搡，冲撞上了正在搬运盖板的我们，我们跟跟跄跄，使出全身的力气，才最终将盖板放了下来。就在我们要将盖板盖上舱门的时候，几个从舱内爬出来的人，又搜出了五六个劳动者，他们抓住了盖板，轻而易举地将它扔进了海里。

就在我瞪着他们的同时，那五六个中国人也用充满了憎恨的目光盯着我。

"看什么呢！你们这些混蛋。"我再次向堆积盖板的方向走去。我和两名船员一起，背起一块盖板去堵舱门，到舱门旁放下的时候，更多的中国人涌上来阻止，将放在地上的盖板再次扔进海里。

我发现不仅那些中国人，周围已经有几十双憎恨的眼睛正盯着我。其他的船员搬运过来的盖板，也都被扔进了海里，船上已经没有盖板，舱门已经无法封闭了。

火苗伴着浓烟涌出船舱，许多中国乘客一边呼喊着亲人，一边向船头方向逃去。十几名劳动者依然留在舱门口，向不断喷涌出火苗和浓烟的舱内叫喊着："别拿行李！快出来！"我只好朝船长跑去，躲回船桥上。

船体的后半部分已经被黑烟吞没，人们还在拼命地叫喊着寻找至亲骨肉。船长发现了我："开往青岛的大连汽船公司的货轮丰岛号

15 分钟后到。从青岛港务局开出的两艘拖船很快也会到。丰岛就在那儿。"说着，他指向海天相接处，可以看到苍茫暮色下的水平线上，有艘船缓缓驶来。

船桥下，一级驾驶员柳田大声地报告："船长，发动机室里的煤炭已被点着，发动机室情况紧急！"随后，甲板上的中国人全部转移到船首避难，他们相互依偎着，一边互相安慰鼓励，一边注视着渐渐靠近的丰岛号。

四周漆黑一片，青岛港务局的两艘拖船，闪着红绿两色的船侧灯从后方渐渐靠近。等待这些救援船的 20 分钟，犹如几个小时般漫长，大家都已经很疲劳了。

晚上 9 点半左右，在横靠过来的丰岛号的照明下，250 多名的全体乘客和村田事务长带领的五名中国船员全部转移。而宫村船长带领着 30 多名船员和作为警乘员的我俩转移上了其中一艘拖船。两船都发出长长的汽笛声，将被烈焰包围着的客船抛在身后，向青岛方向开去。另一艘拖船为了将这艘着火的客船拉上崂山海岸，拉着船艏的钢丝绳，随后也出发了。

我曾试图将百数十名中国游客封闭在烈火燃烧的船舱之中！幸亏那些中国人勇敢顽强地用他们强有力的大手阻止了这场悲剧的发生。但是，那些充满了憎恨的目光，至今仍一个一个清晰地深深刻在我的脑海里。

因为危险度极高的黄磷火柴运费高昂，轮船公司为了贪图利益，装载了大量的黄磷火柴。最终得到的报告是：加上货物一共 800 吨的船体，250 多名中国乘客的衣物、财产，全部被烧毁，30 多人受到不同程度的烧伤。

【注】

①本文原载于中国归国者联络会编《天皇的军队——侵略中国》，日本机关报出版中心出版，1988 年 12 月。

②五十岚勇：山形县人。日本关东厅警察部特高科，巡查部长。

我参与的抢粮、抓劳工[①]

矢崎新二[②]

我于 1920 年出生于埼玉县，上边有个哥哥，下边有弟弟和妹妹。父亲原来经营一家制丝工厂，但在大恐慌的年代倒闭了，之后搬家来到东京。也许是母亲的影响，我喜欢学习，本想继续上学，但是由于家里的经济条件不好就放弃了。高等小学上了一年后便去了一家证券公司工作。

1940 年征兵检查第二乙种合格后，我成为第二补充兵。第二年接到入伍通知书，编入赤坂东部六十二部队，经过 8 个月的训练之后又被编入新的部队开赴中国。

名义是买，实际是抢

我们部队的主要任务是在中国大陆掠夺矿山资源，为了支援南方的作战，确保铁路运输的安全以及在中国抓劳工等。

我们所在的山东是盛产谷物的地方。说是购买小麦，实际就是抢夺。我们等着百姓们麦收后将谷物脱粒要储藏的时候行动，按照上边"一粒也不能剩"的命令开始抢粮。每个部队能抢到多少粮食显示着部队的成绩，各个部队都展开了竞争。早上赶着大牛车出发到百姓家里抢粮。我们是机关枪中队，没有直接征粮的任务，我们的任务是负责反击阻止我们抢粮的八路军。我们在村子的两侧架上机枪，支援着村里的抢粮活动。组织小麦"抢购"的时候，日本的商社也会来人，我们收上小麦后交给他们，商社的人骑着马和我们一起行动。

那个少年的眼神

有一次到了一个村子，步枪中队的两个士兵在往袋子里装小麦，这时一个六十岁左右的老太太在向着那两个士兵说着什么。那两个士兵一个是一等兵，一个是上等兵，因为我是兵长③，他俩见到我就行礼。也许是老太太以为我的官大，就蹭过来跟我说："家里有个生病的孩子，不要把小麦全都拿走，请把给孩子的份儿留下来……"看着老太太苦苦哀求的样子，两个士兵的手稍微停了一下，这时我冲着老太太的肩膀就是一脚，一边想着"屋子里可能有什么"，一边一脚迈进了屋子。屋子里边有个火炕，火炕下边有个灶台，灶坑还在烧着火，炕上有个六七岁的男孩，脸色惨白，一副有病的样子。孩子看到我一下子站了起来，一直用眼睛瞪着我。

看到那样的眼神，我有一种说不出来的反感。但是今天想起来这件事，我感到深深的自责。就这样拿走了他们全部的粮食，这个有病的孩子以后会怎样呢？但是当时我什么都没有考虑。直到今天那个少年的眼神还深深地刻在我的脑海里。

像这样的抢粮活动是经常的。

战场上不能婆婆妈妈的

这是部队在攻打山东省北阳堡时发生的事。1942 年 4 月的一个夏天，我穿过一个街道的时候，看到一群士兵围着什么在叫喊。走近一看，里面有个裸体的老太太，一只手被绑在树桩上，三个士兵拿着棒子在抽打她。

在哭叫着的老太太的前面，围坐着的士兵有的在抽烟，有的在叫好。我一瞬间感到很不舒服，脑子里立刻浮现出了家里老母亲的样子，有些受不了，赶紧走了。走着走着我又开始自责，这不是战场吗？怎么会想到这些，这不是军人应该做的，这种情绪很快就被控制住了。

战场上也许偶尔会不自觉地冒出人性的东西，但是又很快被否定掉，于是渐渐没有了人性，也没有罪恶感。

抓劳工

在山东省山东半岛，第九师团组织过两次大规模的抓捕劳工行动。

山东的地方过去就有"苦力"的叫法。最初抓苦力是从"满洲事变"④开始的。为了在苏联和"满洲国"边界构筑工事，从山东省抓了很多劳工到那里，还曾组织过"华北劳工协会"，面向农民募集劳工。最初募集的条件里还有安家费，劳工时间为两年，每个月有薪水，劳工结束时会有一大笔钱等。我去的时候募集活动已经有很长时间了，因此，用这种募集方法已经招不来人了，于是开始直接动用军队抓人。

最初去应募的人也许拿到了一些钱，但是过了二三个月后就和家里断了联系，再也没有回来。实际上，在工事完成之后，军方为了不泄露军事秘密，都将这些劳工用炸药炸死或直接打死了。所以，过了两三年，家里也见不到人回来。此后就再没有人应募了。于是就开始用军队直接抓劳工，开始了强制奴役劳工事件。

1942 年，在利用抓捕野兔做练习后，开始了抓捕劳工的作战行动。命令里规定抓捕对象是"十七岁到四十五岁之间的男子和短发的妇女。逃跑者一律射杀"。

在这个命令之下北支军开始了抓捕劳工的军事行动。从山东半岛的一端开始，士兵撒网似地在岛上抓人。符合条件的一律抓捕，每个关卡前都有人把守，大货车将抓到的人装到车上运走。

在另外一个中队抓捕的人群里，我看到一个抱着孩子的短发妇女，在被抓捕的队伍里走着。其他人都被绳子拴着一个接一个往前走。妇女因为怀里有孩子没被拴着，她怀里的孩子一直在哭。到了第二天也许是因为没有吃东西，或者母亲没有奶水，孩子仍然在哭，母亲使劲的摇晃也不能让孩子平静下来，她显出很失控的样子。只见她抱着孩子渐渐离开了列队，看到她的中队长突然命令士兵，"开枪"！

只是这一个命令，士兵举枪对准了抱孩子的妇女"砰"地一枪，子弹贯穿了她的后背和孩子，她倒在血泊里。那场面至今也无法在我脑海里消去，这样的事情几乎每天都在发生。命令里说抓捕"十七岁到四十五岁之间"的人，但是由于人数不够，十三岁到七十岁的人也抓来了。

这样的事情说多了会使我心情沉痛。之所以要说出这些事情，是因为我憎恨我的过去，憎恨把我卷入的侵略战争，我希望更多的人了解这些事实，包括我的罪孽。绝不允许再有第二次那样的战争，绝对不允许！绝不能让那样悲惨的战争重演，要让世界所有的人都能在和平的环境里生活。

【注】

①原载日中友好协会编：《证言：奴役中国劳工事件》，2003 年第二次印刷。

②矢崎新二：第二次世界大战胜利后在中国抚顺战犯管理所关押 6 年，1956 年释放回国，回国后致力于反战和日中友好活动。

③日本战时的陆军士官级别设置如下：

将官——大将（上将）、中将、少将；

佐官——××大佐（上校）、××中佐（中校）、××少佐（少校）；

尉官——××大尉（上尉）、××中尉、××少尉；

普通士兵：准士官——××准尉；

下士官——××曹长（上士）、××军曹（中士）、××伍长（下士）；

兵——××兵长、××上等兵、××一等兵、陆军××二等兵；

④"满洲事变"：指九·一八事变（又称奉天事变、柳条湖事件），是日本关东军于 1931 年 9 月 18 日蓄意制造的侵华战争的开始。

731部队的活人体实验[①]

山根勇[②]

感染肠伤寒死去的同僚

我于昭和13年（1938年）11月成为陆军医学学校防疫研究室的成员，不到10天便接到了去"满洲国"的命令，进入当时属于在哈尔滨的关东军防疫部（石井部队）。前后被征召的有二十几人，我们一起到了驻扎在哈尔滨郊外的石井部队本部。

当时队员的人数还很少，研究室的建设与设计规模相比还不到一半。不久，还只有十九岁的我被分配到少年队。上午跟着教练学习学科教育，下午到现场做研究助手。学科的专业性很强，难度很高，对只有小学文化程度的我来说，学起来十分吃力。主要科目有：军队防疫学，这是军医学校才教授的课程，还有细菌学、血清学、数学、物理学、化学、英语、德语、俄语等。

我们还是些靠石井四郎部队养活的孩子，但是在诺门坎事件之后，我们这些少年队员也被投入到战场，此后便中断了有组织的学习。

我不知道诺门坎战役时是否投入了细菌武器[③]，我的同僚里有个感染了肠伤寒，成为"战死者"，返回驻屯地时，部队全员在海拉尔进行了检疫。

空投鼠疫菌以摧毁城市

昭和 15 年（1940 年）从日本各地征召了一千几百人到关东军防疫部，并从关东军各部抽调医生对这些人进行细菌战指导。在征兵检查甲种合格后，我于 7 月 25 日被派往浙江省郊外笕桥的奈良部队，在这里的作战任务是从空中向敌方投放带有鼠疫菌的跳蚤。驻守在杭州的是陆军第二十二师团土桥部队，目标任务是向钱塘江南岸纵深地区推进，摧毁驻守在金华、绍兴、宁波等几个城市里的中国军队。

鼠疫菌是在哈尔滨本部大量生产，用桶装好空运到南方的。我们路陆组的 42 人从哈尔滨出发时，乘坐的火车上装有数百颗细菌炸弹，由于失去了从空中投放的机会，便于 11 月将这批炸弹转送给了驻在汉口的陆军航空队的森玉部队，后来应该是由他们都投放到了重庆。

人体试验品被称为"马路大"④

石井部队本部在哈尔滨市中心往南大约有二十四五里路的一个村落，该地点在一片平房的西侧，通称川添部队。第一野战航空厂再往西的地方。约有一千平方米的正方形的土地，四周用壕沟和堤坝围起，内外放有铁丝网，外围延伸到两公里的地方都属于特别军事管制区，没有关东军司令官的许可任何人不得入内，飞机也不得在上空飞行。我们携带的相机也要经过队长的允许，别说拍摄建筑物，就是这里周围的景物也不许拍摄。

这里有五个门（见下图），第一个门是正门，是队长、队员们出入的地方，日夜由 10 人组成的守备队管理；第二个门是运送小麦和其他作物，专供研究植物病的八木泽班来往于农场使用；第三个门由动物实验班使用；第四个门基本没有使用；第五个门主要用于货物运送，中国的劳力常由此门出入，但要经过严密检查。

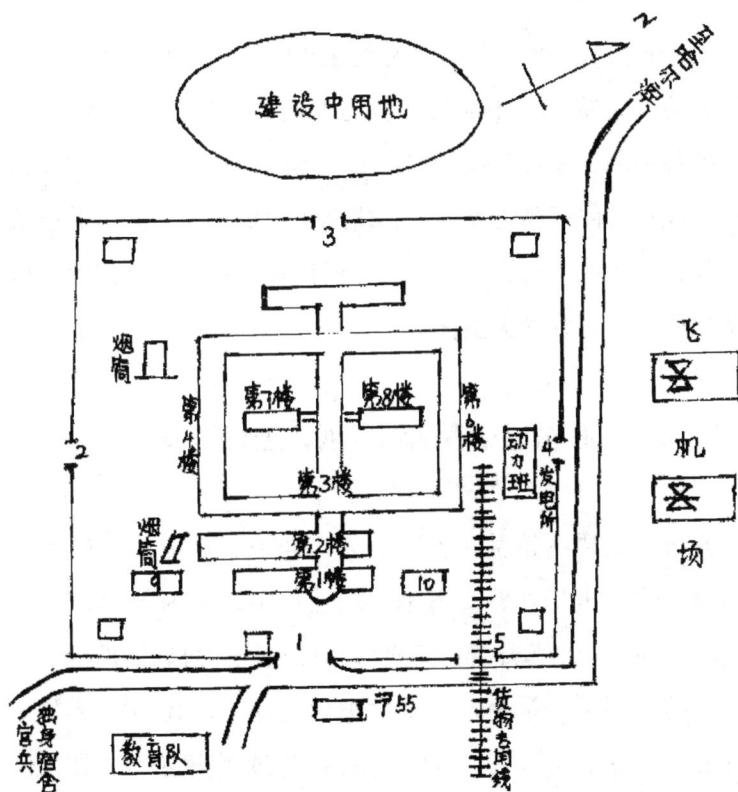

山根氏根据记忆描画的 731 总部平面图

楼群由钢筋水泥建筑。一号楼有两层，是本部。一楼有电话交换室、宪兵室、经理室、图书室、洗浴室以及少年队员的住处。二楼是大讲堂、事务室、人事室、参谋室、队长室。二号楼从右侧开始是变电室，左侧是食堂、小卖部、厨房。第四、五、六号楼一部分用作仓库，其余都是研究室。这几栋楼是由钢筋水泥砖瓦盖的三层楼房。在中间的走廊部分建有第七、八号楼，两层建筑，专门用来收容被称作"马路大"的中国人和其他国家的人，用铁门、铁栅栏和防弹玻璃隔开，那里有实验室、浴室、解剖室，经常有大约200多人收容在这里供试验用。

我们班的班长是西郡少佐，称为生理班，也叫临床班，直接负责被收容者的健康管理。还配备了优秀的内科军医大尉和东京大学医院的医师各一名，配合其他研究班的人体感染实验，担任内科检查任务。就是说在人体试验之前，为各研究班提供相应的人体健康数据。

此外，还有一个班管理收容人员的伙食、运动、洗浴等，班长由石井队长的哥哥石井刚男担任。

任由感染者病情发展，进行观察

研究科目主要有霍乱、各种伤寒、痢疾、鼻疽、黑死病、地方病、植物疫病、斑疹伤寒、解剖、病理化学、生理等。此外还有航空、运输、补水、细菌炸弹的部署等，都在统一协调下进行。二号楼和五号楼的一层是大量生产和储藏细菌的地方。我当时只在三号楼里的部分研究室里工作过，实验是直接在实验室里进行。如果使用飞机训练雨中投弹的话，就在安达县郊外的试验场进行。在这种实验之下，制造出疑似感染者和细菌携带者，再回到平房每天观察其发病过程，也有治疗方法的研究，但多数没有进行下去，主要还是集中在对人体死亡过程的观察，一旦死亡，立即解剖，留下所要的标本，然后把剩余部分送到燃烧炉中烧掉。

　　根据战后出版的有关书籍记载，被 731 部队人体实验杀害的有三千多人。根据我手头的诊断记录，仅我记得的就有 670 人。

【注】

　　①本文原载 1976 年 9 月 18 日《日中友好新闻》，日中友好协会编。

　　②山根勇：原 731 细菌部队队员。昭和十三年 11 月至昭和十六年 1 月的 2 年间，在该部队从事细菌和活人体研究。本文署名为其化名。

　　③此后的很多资料披露了诺门坎战役中日本关东军使用了细菌武器。

　　④"马路大"是侵华的细菌部队对人体实验者的污辱性称呼。意即"材料"或"试验品。"日语的原意是"圆木"（maruta）。

抗日师长之死①

贝沼一郎②

1937 年，我作为编外志愿兵加入了仙台野战炮兵第二联队，同年 4 月与第二师团一起侵入中国东北。1938 年 6 月加入关东宪兵队教学大队，在长达八年的时间里，一直活动在东北各地。

随着令人不快的"吭当"的开门声，拘留室的门打开了，黑暗潮湿的屋里，体臭和粪臭混在一起，抗联师长迈着沉稳的脚步走了出来。

宪兵分队长吉屋治郎吉说："今天要去砍这些匪徒的头了！"接着冲着我吼到："快出去！"

师长因为长期被虐待，身体已经极度憔悴，面颊青黑肿胀，长发蓬乱，满脸胡须。

我慑于他的斗志急忙拔出手枪对着他大喊让他快坐下！师长悠然地坐了下来。上村正男军曹悄悄地出现在我背后，从那儿给师长递了支烟。

师长展开眉头，随意地拿起烟点着，深吸了一口喷到了上村军曹的脸上。

面对师长意想不到的态度，上村军曹一下转过头去。"八嘎牙路"，他虚张声势地举起了拳头，又无奈地放下，用谄媚的口气问师长有没有想吃的东西。

师长盯着上村军曹，若无其事地说："白酒和饺子。"

白酒和饺子摆到了师长面前。

白酒和饺子难以形容的香味，让刚吃饱饭的我也垂涎欲滴。见到酒菜，我以为每天忍饥挨饿的师长会扑上去，因为在这里每天只给两个饭团和一片咸菜，有时连这些都不给，但师长只瞥了一眼。

上村军曹不顾师长的态度，使劲儿地劝酒。一口，两口，师长满不在乎地喝干杯中酒，像在思考着什么，他时不时停下筷子，突然又像回过了神，接着吃喝起来。

师长憔悴的脸上泛起了淡淡的红潮，上村军曹有些得意，接着又狡猾地想哄骗他供出抗日联军的事，并许诺可以放他一条生路。

对上村军曹这些充满侮辱的话，师长仿佛难以忍受，他瞪着眼，咬着牙狠狠地盯着上村军曹。

上村军曹一下子跳了起来，冲着师长的左脸打了一巴掌。师长挺起了胸膛，用充满仇恨的眼睛盯着上村，被激怒的上村继续殴打着师长。

那天傍晚，由上村军曹指挥，在木下治男上等兵、美马义一上等兵和我三个人的警戒下，我们将师长和他的两个部下押上了货车，运到离县城西北方约六公里的山坡上。

越下越大的雪渐渐覆盖了梯田，上村军曹走在前面或用军刀鞘敲打，或用脚踢着赤着脚，穿着破烂夏装的抗日联军的战士们，并不停地谩骂着他们。

由于在拘留所里受到长期的虐待和严刑拷问，师长的身体已经非常虚弱，加上天气寒冷，师长显得举步维艰，摇摇晃晃，随时都会被绊倒似的。我一边不耐烦地骂着，一边不停地用刀鞘敲打，用脚踹着师长。师长除了用充满憎恶的眼睛盯着我外，仍是不急不忙地走着。

走在前面的上村军曹停下了脚步，木下和美马也停了下来，我赶紧命令师长坐下。

师长瞥了我一眼，眼中仍充满了憎恶，然后泰然自若地坐了下去。

上村军曹以一种说不出来的表情凑近师长再次对他威逼利诱，但师长依旧是不为所动。

我急忙拉紧捆绑着师长的绳子，但在反作用力的影响下，向前踉跄了几步，我不由自主地扔掉了绳子，紧紧握住手枪。

他这种对日本帝国主义的刻骨仇恨，让我感到后背发凉，想赶紧离开这里。

在美马用颤抖的手给战士戴眼罩时，师长侧身激励着即将被鬼子杀害的士兵，美马见此踢了他一脚。忽然，只见美马脸色苍白，浑身颤抖着拔出了日本刀砍向了抗联战士的头，抗联战士的身子一下子倒了下去，脖子处的鲜血如喷泉般涌出。

看到美马提着刀呆站着，我不由分说地夺过了美马的日本刀，一只手抓住还没断气、正在痛苦挣扎的战士的头发，一刀砍了下去。我自言自语为自己壮胆，又从衣袋里掏出布来准备给师长蒙上眼睛。

师长轻蔑地推开我说：“不用了！我不怕！”随后他抬眼望着远处的锅盔山。锅盔山是完达山脉的最高峰，东北抗日联军的根据地就在那里。

我把日本刀贴到了师长脸上，随后狠狠地踢了师长一脚，师长摇摇晃晃地倒了下去，同时还在喊：“杀鬼子！此仇必报”！

我又一把抓住师长的头发把他拽了起来，师长又在呼喊：“抗日联军万岁！中国共产党万岁"！

"怎么了？"上村军曹对没有杀气的木下吼道。接着又催我："快砍！"我神情恍惚地挥刀砍了下去。随着"噗"地瘆人的一声，鲜血在我眼前划出一个弧形，师长的身体向上跳跃似地倒了下去。

昭和 31 年（1956 年）我受到中国人民的宽大，和妻子、孩子一起回到了日本。因在乡下没有工作机会，去了东京，但在东京也没找到工作，只好在家接钉扣子、绣袜子的活儿。这样的工作常常要干到深夜，有时一天只能吃两顿饭。

幸亏朋友帮忙才找到一份工作。我和妻子含辛茹苦，合力把独生女抚养成人了。现在我和女儿夫妇、外孙子幸福地生活在一起。

为了回报中国人民的再生之恩，我要把余生投入到日中友好和反对战争、维护和平的运动中去。

【注】

①本文原载于中国归国者联络会编《天皇的军队——侵略中国》，日本机关报出版中心出版，1988 年 12 月。

②贝沼一郎：1916 年 6 月 13 生于新潟县。1937 年入伍在仙台野炮兵第二联队。同年 4 月与第二师团入侵中国东北。1956 年作为战犯被释放回国。

王凤阁将军的死①

山根建次郎②

1936 年，我随军在中国东北的通化。

这是大山丛中的一座小城，通化南邻鸭绿江边的临江县和辑安县。那里埋藏着丰富的铁矿、金矿、云母岩和煤矿等资源。日本在这里掠夺着中国的资源。

城里，伪军的军事顾问大山大佐和宪兵顾问宇津少佐，昨天和今天都在喝酒。夜深时，日军的将校官兵扛了军刀漫步街头，但是走出城镇一步，就能看到那些为建设军用道路和机场而被强占了土地，衣食无着、痛苦地生活的农民。

那时我是军曹，在宪兵办公室里值班，只有我和日本翻译横田。二十多天前，大门外设了伪军的哨兵。办公室的隔壁，是散发着霉臭味的拘留所，拘留所里关押的是东路抗日义勇军司令王凤阁将军，在拘留所的一角，关押着将军的夫人和孩子。

"王凤阁匪徒被捕""满洲事变以来，祸害东路通化、临江、辑安百姓，掠夺成性的王凤阁匪噩梦到来，终于被国军抓获"的报道，让平时只是呵斥监督伪军的日军也行动了起来。

这都是为了捞取升迁的资本。我也不例外，在二道河子飞快地开着卡车。

守备队长也来了，戴着闪光的菊纹章，后面站着摩拳擦掌的日本领事馆的警察。

宪兵分队长的鬼岛大尉主张应该由警察机关来审问，守备队长川本大尉主张应该由治安部门审问，最后决定平分功劳。

王将军现在被宪兵队关押，我们称他为匪首，但是东路的百姓却称他为救星，无人不知，他为了中华民族的独立，坚持了四年半的斗争。

反抗侵略的这支部队很强大，他们的战术常常让日军疲于奔命。每次战斗，都会有日军丧命，每次也都有百姓因之被日军屠杀。

日军最终龟缩到了城里，开始督战伪军，从全东北招收的伪军组成了第二军管区的一个师团，采用了同胞相残的战术。

现在抓住了王将军，企图通过审讯将军，进而达到屠杀和震慑老百姓的目的。

负责审讯的一伙儿人聚集到了宪兵队，他们都是守备队、伪军、宪兵团、领事馆警察、伪警察、铁道警护队队长级的人物。

审讯室里王将军坐在下边，那些队长级的人物手持军刀并肩而坐开始审讯。审讯涉及从攻击、撤退的战术到移动时的交通要道、情报联络，与东北抗日联军的关系及联系方法、武器、被服、粮食等给养的获得方法等。

严厉的审讯持续了一个星期。

在暗处的我观察到审讯情况是：每天迈着坚定的脚步，面带微笑的将军来往于拘留室和审讯室之间，而队长们则满脸失望，没得到任何他们所期待的"战果"。

终止审讯的他们认为，没有"战果"就杀掉。但冷酷的他们决定不仅要杀将军，还要杀掉将军的夫人和孩子。拘留室的一角，夫人怀里紧抱着的孩子，已经渐渐地会走路了，是将军和夫人之间唯一的孩子。他将来会成为什么样的人呢？只是因为怕麻烦就杀了他，这就是他们所谓的王道乐土、五族共和。

杀害的时间定在明天。

在没人的办公室里，我在绞尽脑汁思考着如何能从王将军那里捞到更多的好处，于是我命令翻译带王将军上来。

在我的概念里，除了金钱和地位就没有别的了。侵略中国的领土，就是为了升官发财，出人头地，现在终于当上了军曹。通过审讯将军，没准儿可以升到曹长、准尉。

翻译带上来的将军，隔着桌子坐在我前面。面带微笑的将军，经历了四年半的抗日游击战和二十几天的监禁生活，仍不见憔悴。被太阳晒黑的脸上有几道筋和皱纹，可威严的目光直射着我，我借着烟草的烟雾，躲避着他的目光。

"你有很多部下，你们的粮食是从哪儿来的？"渐渐镇定下来的我问到。将军连眉头都不动，看着我和翻译，嘴角依然挂着微笑，我盼着从他嘴里套出粮食的来历，然后明天去抓捕这些农民。

"怎么样？谁送的？"我说着逼近了他。

将军话很少："都是通过袭击警察和日满军获得的。"我没等他说完又逼问道："没有收农民的吗？"拥有千人以上部下的头目，仅从警察和军队那里夺取粮食是不可能的。

经过短暂的沉默，将军开口说："我不知道。"脸上仍然浮现着微笑……对我来说那是冷笑，我无法再强作镇静。

"这家伙，轻蔑我们宪兵啊，不会让你高兴的！"我握紧了拳头怒视着他，脑子里闪现出用刑的念头。

将身着穿破烂渗血的上衣，身上布满鞭痕的农民绑在长椅上，用抹布盖住嘴，哗哗浇水不让他呼吸，同时追问："哎，说！说不说？"
我想起了那些拷问时的场景。

我好不容易才得到将军这个猎物，决不能放过。我接着问："被
褥、衣服和弹药从哪儿来的？""情报联络是谁？""用什么方法？在
哪儿？"我用谄媚的语气不断追问，但我越着急，将军越镇静："袭
击警察得来的……和日军、满军交战时缴获的……别的不知道。"将
军只是不断重复着这几句话。被将军的气势压倒的我有些招架不住
了。发现自己被愚弄了，虽然快气疯了，但没敢动手用刑。

"你也说不上是头目，现在坦白还来得及，怎么样？"我继续说。
这时，将军用平静但坚定的语气对我说："如果你也是个人的话，就
请好好想想，我现在虽然被捕了，但我怎能出卖支援过我的人呢？"
他挂在嘴角上的微笑消失了。

"不能出卖！这家伙果真是个头目。"横田的翻译带着个人情感。
接着他又威胁说："哼哼，知道些武士道的事吧？"知道邀功的企图
泡汤了，我心里感到很窝火，接着把将军押回了拘留室。但是将军说
的"如果你也是个人的话，就请好好想想"这句话，在我脑子里挥
之不去。

"我是人，在天皇陛下的威光下，为了全世界人类的幸福，为了
拯救落伍的中国人而来到这里。你们虽然不是匪徒，但欺压百姓，抢
夺他们的粮食，与日军作对。你才是鬼！因为你是鬼，所以你不通人
事。"无论我怎么想，得出的结论还是如此。像是为了干扰我思考，
拘留室方向传来了王将军哄孩子的声音。

斩首将军的日子到了。

刑场在城镇东边玉皇山的山坡上。今天也是多云天气，太阳躲在
云彩后，冷风袭人。不知是从谁哪儿得到的消息，玉皇山上，从早上

就聚集了很多人，山下低矮的丘陵旁，也有人群在移动。

刑场上，是强迫百姓挖出的两个相隔五米左右的土坑。从卡车上下来的将军，向怀抱孩子的夫人看了一眼，然后正视着前方。

宪兵特务班长山野曹长和翻译横田推搡着他的背，将军一边缓缓地走着，一边朝玉皇山上看着，山上聚集着五六百个担心将军安危的农民。

将军嘴角依然含着微笑，夫人静静地跟在将军后面。她抱着孩子走在凹凸不平的碎石路上，冷风将她长袍的衣襟吹得紧紧地贴在身上。我跟在她后面，有一种不可思议的感觉。夫人站在土坑前，面带微笑，再次抬头看了一眼玉皇山的将军后，自己也被押到了五米开外的土坑前，她好像忘记了丈夫的存在一样，背对着他冷静地站着。只是她的身体在轻轻摇动，哄着怀中两岁的孩子。

藤井上尉被选为实施斩首的刽子手，他在抓捕将军时立了功。他往军刀上洒着水，努力装作沉着的样子，但他的动作却显得有些张皇失措。山野曹长命令翻译横田给将军蒙上眼睛，听到将军说"不要"后，他怒吼着说："坐下！"

被强迫坐在土坑前，将军把手放在了膝盖。翻译横田绕到背后说："低下头！"为了方便斩首，他想翻开了将军的衣领。

"翻译，你的手在抖啊！"将军嘲笑他的声音连我都能听见，我像自己被他嘲笑了一样心里咯噔了一下。两年来，在杀人的重压下，我斩杀、射杀了几十人，其他还有用电刑、石刑等处死的。这几个月里，我曾将三十几个抗日战士打得半死，然后浇上石油烧死。把二十五个抗日战士扔进冰冷的浑河里淹死，可谓凶残至极。

藤井上尉挥舞起军刀，眼睛血红，脸色苍白。山上的人们叫嚷了起来，叫嚷声向四方传开。军官慌了，想要阻止也没有办法。"咔嚓"一声沉闷的声音，将军染满鲜血的身体掉进了土坑里。夫人仍然背对着他一动不动。

"好了，现在该这边了！"我朝夫人所在的土坑方向转过身去，我知道在杀掉夫人和孩子的时候我会得到更强的"快感"。

夫人身着蓝色长袍，黑发在衣领处扎起，被微风吹起的碎发轻抚着她的额头。她的眼睛紧紧地看着抱着的孩子，孩子毫无惊恐不安的表情，睁着圆圆的眼睛，看着周围，看着举枪将要杀死自己的伪军士兵和我。

"射击！"我大喊。枪口喷火，夫人的身体向前倒进了坑里，手上仍然抱着孩子，子弹继续向着坑里飞去，山上再次响起了叫喊声，其中夹杂着呜咽声。

"怎么样！这就是反抗日军的下场！"我觉得出了一口气，端起了肩膀："这样东路的王道乐土就能建成了！"我对此深信不疑。

在伪军吹奏的喇叭声中，我们把将军的首级作为"战利品"带走了。山上的人们没有动，他们用愤怒的眼睛盯着我们。

将军被杀害了，但是反抗日本侵略的人们并没有被震慑住，反抗反而越来越激烈了。

为了大日本天皇，为了捞取个人功劳，我残杀了王凤阁将军和他的夫人、孩子，我完全丧失了人性。如今，每当我回忆起这些事情总是心如刀绞。

王将军不能死而复生，没能看到他所期待的胜利，我却活到了现在。我发誓，我将尽我的余生，为了世界和平，为了防止侵略战争的重演而奋斗。

【注】

①本文原载于中国归国者联络会编《天皇的军队——侵略中国》，日本机关报出版中心出版，1988 年 12 月。

②山根建次郎：生于京都府。1933 年 4 月随日军侵入中国东北。先后在沈阳、通化、吉林、敦化、长春的各宪兵队活动，曾任长春伪新京宪兵分队庶务班长、宪兵准尉。

刑讯赵一曼^①

山本和雄^②

1936 年 4 月的一天，在哈尔滨南岗警察署司法主任巡官千田常二的陪同下，我和翻译黄钟英去哈尔滨南岗辽阳街的市立医院，看了滨江省警察厅特务科监禁在这里的病人。

医院外科医长森田带着我们，转过本馆和隔着辽阳街的别馆的院子，院子里长着很多已经开始发青的白桦树和泥柳。从一间楼梯已经腐朽了的平房门口进到病房楼，往左拐，在灰暗的走廊尽头站着一个背枪站岗的警士，他是我认识的赵警士，他的背后是一扇开着的门，门上挂着一块写着"外科王氏"的牌子。

房间里没有什么家具，一张简陋的铁床上躺着一位中年妇女，身上盖了一床又脏又旧的被子。

我们进了房间，那个妇女留着短发，她稍稍抬起头看了一眼，又闭上了眼睛。

森田下令，护士解开了患者的绷带，一股腐烂了的人体的肉、血和脓的腥臭和强烈的药味儿一起冲进鼻子。她的臀部、右大腿部、左腿膝关节上部这三处枪伤都呈现出红肿，伤口腐烂发黑，血和脓流出来。森田说："昨天她来医院，我们给她做应急处置时，她的伤口已经生蛆了"。他一边说一边粗暴地做着手术。

王氏像死人般的脸上毫无血色，她的大大的头与她瘦弱纤细的身体极不相称。粗粗的关节、满是皱纹的手，被枪伤和衰弱折磨得不能动弹，只有那双有生气的眼睛望着天棚的一角。

受了这严重的枪伤再加上大夫粗暴的手术，她却一声不吭，真是个坚强的女人！我虽然对她充满轻蔑，但心里却不得不感到一种威压。

王氏其实是滨江省③珠河县人，是赵尚志将军领导下的抗日联军第三路军的领导，也是滨江省东部地区农民运动的领导者——赵一曼，日满军警称她为"白马美女"，对她惧怕三分。

1936年4月，日军为了镇压抗日联军和爱国者，哈尔滨侵略军司令官中将安藤利吉和滨江省警务厅长前田良治，哈尔滨警察厅副厅长吉村秀藏，根据省下各警务机关的情报，策划了对赵尚志将军领导下的抗日联军第三路军的围剿。调动日、满军警的联合武装部队围攻了滨江省珠河延寿两县交界的蚂蚁河附近的中国抗日部队。

在战斗中，赵一曼女士的臀部和右腿、左腿都负了伤，被附近的农民所救，藏匿在农民家中。这件事被珠河县警务科员探查到，所以她才被抓到了。

抓到后没有对她的伤势进行任何处置，便一直把她关押在这里，每天进行拷问和审讯，但是却没有从她的嘴中得到任何东西。

川本特务科长想如果就这样杀了她，好不容易到手边的线索又要断了，在她坦白之前要让她活着，于是就秘密地将赵一曼从珠河县转移到哈尔滨的医院里关押了起来。

大概过了二十几天，赵一曼的伤势有了些许的好转，川本特务科长便命令部下采用怀柔和酷刑并进的方式，一定要从赵一曼的口中得到赵尚志部队和杨靖宇、周保中将军领导的东北抗日联军的秘密，于是审讯又开始了。

警佐登乐松带着他的翻译周贤彬来到住院部的时候，来医院探病的人都已经散去了，暮色深沉了起来。

登乐松命令，他现在要开始审讯犯人了，不准任何人靠近这间病房。然后他砰的一声把门关上，又把椅子拉到了赵一曼的枕边，迫不及待地凶狠狠地问道："喂，你心情怎么样了？"

赵一曼向登乐松的方向瞥了一眼。"今天必须回答我！不然还是要再吃苦头……你们的山寨在哪儿？"赵一曼瞪着怒吼的登乐松，一句话也没说，把头摇了一下。被这种举动激怒的登乐松站了起来，一边大骂"八嘎牙路"，一边把赵一曼的被子掀了起来，揪着赵一曼的头发想把她拽起来。赵一曼受着剧痛，被拽起的上半身又重重地倒了下去。登乐松看到这种情形，说："好，给她来点儿软的吧！"两人抓住赵一曼的右臂，把铅笔硬夹在她的手指中间。

赵一曼忍着剧痛，一声不吭。"你还不说？你这犟女人！"登乐松吼道。看到这个场面，负责监视的董显勋打着寒战，值班室里的护士韩勇义也忍不住背过脸去。

最后，登乐松不得不放弃了继续拷问，愤愤地离开了。韩勇义急忙奔入病房，细心地给她包扎起伤口。

在连日的拷问与审讯中，董显勋显然知道了这个姓王的女人就是抗日联军部队的领导者赵一曼。

赵一曼是无人不知无人不晓的人物。董显勋来自东北一家农民家庭，父亲因为年龄大了被工厂辞退，为了糊口便进了公安队。他很快便对赵一曼产生了同情，被她的魅力征服。

护士韩勇义也大体如此。据说他们曾在地里干活的时候，赵一曼碰巧路过，看到病弱的孩子在哭叫，便把孩子抱起来撩开上衣给孩子喂奶，哄孩子睡觉。

董显勋和韩勇义不约而同地对赵一曼产生了深深地感情，加之赵一曼的宣传教育，两个人于是决定救赵一曼出逃。董显勋的想法也得到了父亲董广正的支持，三人便伺机行动。

6月28日深夜，三人抱起了病弱的赵一曼，上了事先准备好的汽车，来到南岗文庙街，在屠杀场的后面下了车。在文庙村民的掩护下，把赵一曼扶上担架向宾县街东跑去。

第二天下午一点多，千田常二指挥的追缉队去追捕赵一曼，我走在队伍的最前方。过了赵家堡的时候，在前方高地的田里发现了似乎是赵一曼一行的马车。在千田常二的命令下，我们包围了马车。只听赵一曼催促韩勇义他们快跑，不要管她，但是已经来不及了。我们一下子扑了上去，把赵一曼和那三个人绑了起来。

接到西川和川本的命令："无论如何都要把她的嘴撬开，必须让她交代！"登乐松、吉村秀藏二人从松花江沿岸附近的哈尔滨警察厅司法科拘留所里把赵一曼拖到了审讯室里。

吉村一边用泥靴子踢已经倒在泥地上的赵一曼，一边吼道；"喂，让你受点苦了。"从椅子上站起来的登乐松也叫道："原以为你是个病人，只给你来了点软的，没想到你竟然敢跑，这次再不张嘴就杀了你。"

赵一曼蔑视地瞪着登乐松，有些胆怯的登乐松立刻吼叫起来；"上电刑。"吉村和千田把电线绑到了赵一曼的双手上，通上了电流。赵女士的上半身震颤起来，全身都僵硬了。看到这些，登乐松逼近问道："部队在哪里？"赵一曼用强有力的声音只回答了一句："不知道！"登乐松骂道："混蛋！"又挥起了鞭子打下去。

"那些不知道她的人怎么能让她跑了，一定是事前就有联系的。"

千田吼着，不断地用电刑和鞭打拷问赵一曼，赵一曼很快就被打得昏厥了过去。

无论吉村和登乐松使用怎样地野蛮残暴的手段，都没能让赵一曼屈服。从赵一曼听到的是："我迄今为止的行动，都是因为你们这些日本强盗抢占了我们的国土！"和"这次逃跑是我硬求他们三个人的！"

登乐松无论如何还想要从董显勋、董广正、韩勇义他们三个人口中挖出抗日联军的秘密，可是对他们三个人的拷问得到的只是："对那么重的伤病人还要每天进行酷刑拷打，我作为一个人中国人，实在是不忍看她每天受折磨。"除此之外再没有任何收获，登乐松也只好结束了拷问。

由于从赵一曼身上得不到任何东西，1936 年 8 月 2 日赵一曼被杀害了，韩勇义、董显勋、董广正被投进了监狱。

【注】

①本文原载于中国归国者联络会编《天皇的军队——侵略中国》，日本机关报出版中心出版，1988 年 12 月。

②山本和雄：曾参与"九·一八事变"。1935 年 2 月又以伪满警察官的身份被派到东北，直到日本战败投降，都活动在哈尔滨。当时他的身份是哈尔滨南岗警察署司法系警士。

③1934 年 12 月 1 日，伪满洲国于哈尔滨设置滨江省，滨江省位于今黑龙江省南部。

伪保安局的罪恶史[①]

"伪保安局罪恶史"编写组[②]

保安局形式上看是伪满洲国的机构，实际则是日本关东军参谋部和特务机关的外围机关，是其下属。该机构向苏联、蒙古派遣间谍刺探军事、政治和经济情报，机构设置遍布全东北每个角落，间谍网针对中国的爱国志士和爱好和平的人们进行暗杀和私刑。保安局还以秘密战为理由无视伪满政府制定的法律，施尽了更加残暴的手段。干这种勾当的间谍机构常把机构隐蔽起来并起个"分室"的名称。必要时对伪满的特务警察、税务海关、邮政局等还有指挥权力。

地方的保安局长由各省的警务厅长兼任，特务科长兼任保安局理事长，并设置负责谍报工作的官职，指使特务进行间谍活动。这种机构从中央到地方，除日本人外的任何人都进不去。当然，也有作为密探使用的中国人、朝鲜人、蒙古人，但一旦认为没有了使用价值，就会以"有泄露秘密的危险"为借口杀掉。担负这种任务的是保安局，重点针对与苏联及外蒙国境接壤的地区。特别是伪满军队的"边境监视队"，1938 年 5 月移交给伪满警察后改为"边境警察队"，保安局对这个警察队在"谍报、防谍"的业务上有指挥监督权，边境地区的警察都在其指挥之下。

伪满保安局的重建

在由于盲动引发的诺门坎事件中，日本陆军精锐部队的关东军被打得狼狈不堪，丑态百出。即使受到那样的打击，关东军仍在强力推进着对苏联的战争准备和对伪满的统治。他们强调的是"要以诺门坎事件为教训，强化谍报体制……谍报战的失败是诺门坎战役失败的主要原因"。

即使在伪满洲国内他们也没有松懈。从 1939 年到 1940 年，日本军队开始对宪兵队、伪警察队、伪满洲国军、铁路警卫队等各武装力量进行总动员，对抗日联军实施武力镇压，企图控制局面。然而事与愿违，抗日联军通过建立地下组织，爱国活动越来越活跃。随着八路军工作组进出热河次数的增加，新生力量也由下而上蓬勃地涌现出来。

另外，国民党一方由陈立夫指挥的蓝衣社抗日组织，也在伪满的中国人官吏中进行活动并不断地扩大影响。诸种形势刺激着关东军统帅部的神经，关东军参谋长下达了"加强保安局整顿"的命令。

创设初期 300 万日元的预算，最终突破 1000 万日元。伪中央保安局长官混谷三郎据此方针施行。中央原来的第三科是一个机构，1940 年开始，邮件检阅科变为独立的第六科，又从交通部引进了带无线电探测器的电波防谍机构成为新设立的第七科，同时，又在哈尔滨、牡丹江、三江、间岛、黑河、海拉尔等地，新设立了"邮检"和"防电"的新机构。

防电机构班分"固定探测班"和"流动探测班"，边境地区和国内的重要城市、交通要道都进行了配置。无线电情报人员开始活动。

在地方组织建设方面，到 1939 年末各省公署均已设立了地方保安局，全东北都确立了这样的机构。这个时期称为保安局的机构整顿期，同时也是诺门坎惨败后，在不惊动苏联和蒙古的情况下调整体制的时期。尽管如此，日本军国主义者对苏联同盟远东军动向的刺探却从未停止过。因为这关系着关东军生死存亡的问题。派遣间谍偷渡国境仅仅是消极的方法，例如，针对北满黑龙江对岸的比罗比詹地区，三江保安局的安藤明，就始终作为间谍在那里收集情报。1939 年初，伪间岛省地方保安局荐任官富直明，命令警察队马滴达中队长栗田物色苏联间谍。原外务省外勤特务朝鲜人高康院被物色中后，在诺门坎事变中就被派往苏联的库拉斯基地区。此后，得知高康院吸食鸦片，就向他提供鸦片或提供延吉街的朝鲜人妓女，通过满足其兽欲对他进行控制。

这种"工作"被以"永富"的姓氏命名，称为"富的工作"，由谍报系属官猿谷菊次郎掌控，对布拉戈地区进行军事间谍活动。

投放间谍虽然是"消极的"活动，但却起到了"目标监视"强化谍报的辅助作用。在边境的主要场所，在高建筑上建立瞭望楼，用望远镜从早到晚监视着对面，包括通过西伯利亚铁路列车的种类、车辆数、运载货物的状态、飞机的演习状况以及种类部队的移动、巡逻兵的种类、方向、爆破或音响的类别、方向、距离，从人和马的状况到建设、耕地等等，不放过任何一点情报。

不仅如此，还公然对在哈尔滨的苏联领事馆进行挑衅活动。在领事馆的正面设立秘密的活动指挥部，昼夜地进行监视。领事馆正面安放紫外线扫描，一旦有出入，指挥部的铃声就会响起，连一只蚂蚁都休想逃过，出入人员都会被望远镜头看到，当然馆员的外出也都会被跟踪。以上的活动从表面的整顿开始，逐步深入到秘密侦查的各个方面。

针对如何镇压中国人民日益激烈的爱国活动，保安局对所属的秘密侦探组织进行的"整顿"是在边境地区设立叫"特别工作班"的秘密侦探组织。其中曾武力镇压抗日联军时采用的"特搜班"，原地潜伏下来后成为"特别工作班"。

"特别工作班"都做哪些事情呢？

边境地区的三江省③地方保安局 1939 年成为荐任官的岛村三郎，首先成立了佳木斯特别工作班。京都帝国大学出身的岛村三郎，后来被称为保安局"三杰"之一。他眼里盯住的男子是抚远县边境警察队特务警官"在家里"的 23 代的教徒远座建儿。

"在家里"组织有教徒近 300 人，所谓"在家里"组织，类似于日本的黑社会，对上一辈成员绝对服从，仪式上要焚香、喝水，发誓"坚守义理"，是邪教组织。

"在家里"传到远座这代，为达到搞间谍活动的目的，当上了佳木斯特别工作班班长。远座在佳木斯市中央大街的一个角落挂起了"兴隆公司"的招牌，伪装成土木批发的样子。为便于伪装密探，事先拉拢了抚远的杂货商中国人郭纪文，开了同升永百货店。资金是由连续不断的倒卖鸦片所得，一跃具有了相当可观的百货店营业额，进而巩固地盘的同时又将魔爪所及的范围扩大了。这样配置的"佳木斯特别工作班"暗地里活跃起来。富锦逮捕了认为是苏联来的情报人员，实则是中国的农民。只是听说"在沈阳的北陵有其组织"，远座的手下便扑到沈阳，但经过拷问，是意识模糊时说的，最后一无所获。听说有个妻子为寻夫来到佳木斯，远座马上报告给岛村，岛村只简单地说："讨厌，做了不就完了"，结果被当成"间谍"杀害在了松花江，尸体漂流连脸面都认不出来。1941 年的 1 月末，将近春节的佳木斯街上多少有些喧哗，可是一到夜里却没有一个人，寂静得很。这时有台自行车急驶到松花江岸边。一个双手被反捆着的与抗日联军有关的中国人，由三名日本特务包围着趟冰来到中心岛。安藤工作班的片野兴喜夫挥着日本刀突然从后面砍来，刹那间血从肩上涌出来，中国人趟着雪往前跑，慌乱中太田属官开枪射击，这个中国人倒在了雪地上。庄司追上去用日本刀切开了他的肚子，掏出肝脏。这就是"特别工作班"的所作所为。

牡丹江市东一条路上，有个最喧哗的地方，从那往西有一条叫七星街的街道上有间小房子。出来进去的人都穿着和服或西装，像是"土木批发事务所"的感觉。其实，当时这里是臭名昭著的"富的工作"地。地下室有四个地方，备有刑讯室、取证室，无论什么声音绝不会从地下泄漏到地面上的。牡丹江特别工作班班长山田外免，从1940年9月到1941年8月率手下的特务和密探，逮捕了三十多名居住滨绥沿线的横道河子、雅布劳尼、穆林、渡河、八面子等地的无国籍俄罗斯人。

发生诺坎门事件时，当伪兴安北省地方保安局长，惯于用特务手段收买的中岛健治，就对伪牡丹江省地方保安局长这样指导过特务工作。拓殖大学出身柔道三级的"猛士"荐任官中村宣也、牡丹江陆军特务机关长兼参与的土屋大佐也都插手过针对苏联的谍报组织。

七星街的秘密活动指挥部的地下室，白天黑夜都有皮鞭的抽打声和骂声，以及痛苦的呻吟声。

一些事件越调查却越不清楚，结果发现是"密探提供了假情报"，事件也不了了之。

回头再说说暴露了保安局秘密的土屋和中村两个首脑人物。他们的惯用手法就是"处理掉（杀掉）"，完全不考虑人的生命，事实上被保安局逮捕后就没有活着回来的人。

1942 年 9 月上旬，一辆汽车经过高粱地开向牡丹江市西的拉克山，到了现场从卡车上推下来被折磨得骨瘦如柴的七个俄罗斯人。其中有二十四五岁的俄罗斯女性，金发，发青的脸色。还有两个中国人。坑已经挖好，身着黑色西服的土屋大佐，向靠在坑边的十个人吼道："尽武士之情，你们最后还有什么要说的?"就这样没有任何理由，也没有任犯罪证据，这些无辜的人就被杀掉了。

市原利行是第一个向坐在左侧的俄罗斯人头部开枪的，尸首一个跟头翻下坑里。特务机关的佐藤翻译转到女的后面射击。特务机关的原田大尉、保安局的涂木、山田外免治也都开了枪。

枪声扩散开来，打破了长满红叶的拉克山的寂静。只有土屋大佐和中村宣也抱着肩膀不眨眼地看着。接着他们向倒在血泊中挣扎着，渐渐变得冰凉的尸体上盖土。类似这样事情，全东北数不胜数。

特谍班

随着客观形势的变化，保安局也要不断地调整地下活动的方法，否则，他们捕获不到要获取的"猎物"。保安局在边境地区设立的间谍组织，就是如前所述的"特别工作班"。

原本是特务警官的这些人改为由保安局指挥后，仅仅是表面上伪装了一下，最多也就是换成了便衣。特别是很多人的上衣下面还悬着手枪，手里拿着黑皮的记事本（警察专用记事本），让人觉得唯恐别人不知道他是特务。这就很难抓捕到从事地下活动的爱国志士了。

1941 年 5 月，永富坐上了中央第三科代理科长的交椅。第三科就是所说的担当"防谍"的机构，是专门镇压中国共产党、国民党和朝鲜独立联盟运动爱国志士的，同时还是指挥策划镇压获得苏联援助的情报人员、各国间谍情报机关的机构。防谍和谍报是保安局的工作任务，可以说第三科就是保安局实际活动的中枢。

永富虽然是代理科长，但因科长是空缺，其实也就是事实上的科长。他首先着眼于特别工作班的改革。永富认为"谍报战中秘密是生命"，"敌方若有高度秘密，我方就必须有更高的秘密方法。今后必须设立彻底的秘密组织，像现在这样的侦探间谍组织是完成不了保安局任务的"。基于此种考虑，他叫来了日本警视厅特高系的男警薄田美朝及其部下小岛高二作为助手，着手进行改革方案的设计。设计刚好进入到一半时，苏德宣战。事态的紧急变化使这个计划得到推进。解散了在边境地区的"特别工作班"，组成新的"特谍班"。边境地区 1941 年 8 月开始解散"特别工作班"，其中除了有必要留在"特谍班"的以外，其余全部清理，有的补充到缺人的地方。

"特谍班"，是由日本人当班长，配备五个各民族组员，班长以下的全员要彻底隐藏身份，诸如旅馆、饮食店、公司职员、公务员以及其他的职业身份都可以利用，必要的费用还可由安保局支出。

"特谍班"是怎样组成的，又是如何进行间谍活动的呢？

关东军牡丹江野战铁道司令部属大尉明石宪次与同僚中尉大久保，在牡丹江市日本青年层里，组织了宣传日本军国主义思想的"曙光小组"，其活动核心人物是伪满交通部牡丹江土木工程处警备班长市原利行、牡丹江省公署土木科技士井关利雄、牡丹江市协会职员新关员夫及牡丹江省公署土木科技士叶田野辰伍等人。

他们把天皇裕仁称为"天皇是无与伦比的，是主宰世界的统治者，是不可违背的真理"，他们相信这些蠢话。

但是，我们不能嘲笑这些人，因为我自己也相信天皇像神一样，虽然也想到日本可能战败，但还是有"神风有可能吹来"的幻想。

这些人每周的星期六在省公署前的兴亚塾集会，对450多人宣讲天皇主义，偶尔还会在军人会馆召开辩论大会进行宣传。

二十六岁的市原受法西斯主义的影响，头昏脑涨。伪牡丹江省地方保安局历史官中村宣也和明石大尉很早就熟悉，明石向中村介绍了市原。

当时，牡丹江保安局伴随苏德战争的开始和"关特演"④计划状况，准备对"战时有害分子"进行暗杀。中村在牡丹江市内明街的荞面店（保安局的地下工作站）的二楼叫来市原，一边喝酒一边跟他说："相信你是男子汉，拜托你，为祖国效力！"柔剑道初段的有强烈征服欲的市原，二话没说就答应了。然而，根据上边的指示，这个计划最终没有实施。但是，市原还是成了特谍班的班长，市原自投罗网到了中村宣也的手中。

市原自称要回日本，就辞去了交通部的职务。但他没有回日本，先到牡丹江清福街的中国人家中潜伏改名为明石贞一，大约半年没在日本人街上露面。同时极力接近周围的中国人，给生活困难的人送大米，看望病人时带药和糖等，自己平常过着吃高粱米和玉米的生活。

就这样他被牡丹江市道德会宣传服长伬文山所吸收，成为"在家里"会的教徒，巧妙地隐藏了自己的身份。

他又拉拢了牡丹江铁路局食堂吕青山、牡丹江邮政局郑弁善、日满制粉的干某，以及秘密谍报者的吴风海等，并搜集了大量情报。他不但用金钱、鸦片等收买他们，同时威胁他们说"谁要是泄露了秘密就杀死谁"。

伪东安省密山县平阳镇警察中队的特务科警卫補日野需，是个杀人不眨眼的人，都说他很有手腕。有一天突然被中队长叫来，问他："你没收的十两鸦片放哪了？……还有，此前建造警察官宿舍时，你是否和昭和公司一起挪用了公款？"他虽百般解释还是没被接受。

中队长斥责道："看看你平常的生活和行为吧，警卫補的收入能过这样舒适的生活吗？"后来他遭到了处分。

日野的警察身份被开除的事，在小小的平阳镇很快传开了，没有一个人怀疑。之后，日野领着妻子在东安市八千代旅馆住下。一直戴着肩章的威武的他，现在过上了对人点头哈腰的日子，实在是难堪，每天只好喝酒打发日子。

就这样过了十几天，一天夜里，伪密山边境警察本队工作主任宫城属官来探访。宫城对日野说："局长田坂又十郎和理事官石田益、佐藤事务官共同研究了一件事，就是希望你担任特谍班班长，这个工作很重要，需要绝对的保密。"

日野感到非常意外和震惊，虽然马上回答有困难但还是接受了。一个月后，黑台村堤防工事从山东来了3000名劳工。他作为吉田组工事现场的劳务主任隐藏起来，主要侦查八路军地下工作者，接受苏联援助的抗日联军地下工作者的出没行踪。

这样组成的特谍班，在1942年末达到了100多个班，1943年150个班，1944年200个班，战败时的1945年达到300多个班。这些特谍班长下面有许多异民族的组员，利用他们在工厂、矿山、会社、土木现场、繁华街的料理店、饮食店等地方侦查，甚至无人住的空房也要反复侦查。

由"姑息"转向"镇压"

在南方战线"胜利了，胜利了"的喧嚣声中，仅抓住一根救命稻草的伪满洲国却日益走向崩溃。根据国内外的形势关东军对伪满的政策也发生了改变。1943 年 5 月，新任中央参议的武部松雄中佐在任职演说中，指出："关东军将全力以赴支援南方战线，与宿敌俄罗斯将来必有一场恶战。我们将丝毫不能放松警戒，眼下要积极应对他们利用国内'反满抗日'的组织对关东军的'谍报'和伪满洲国的阴谋活动；军队针对这种形势将采取随时镇压的方针；并明确提出了保安局自创设以来的以边境为重点的谍报方针同样也适用于国内，国内和边境要投入同样的力量。特别是在对政治、思想、经济等方面，要强化防谍体制……"保安局的所有机构都被这位新任参议的叫喊声所震慑。

"从边境重点走向全面重点"，由谍报的防谍重点到积极的全局的防谍，这意味着保安局业务的大转换。这种转换必须要做的事是，加强整顿以特谍班为中心的间谍组织和处理各类案件。

在地方，特谍班长开始迅速召集下属侦探，强化半公开的侦探组织，逮捕混进内部的间谍等。

潜伏在东安省密山县黑台街的特谍班长日野需，是 1941 年 9 月初，从侦探姜趵处得知"密山县平阳镇希贤比和公所职员有苏联谍报组织"的报告。兴奋的日野马上将此情报报告给伪安东省地方保安局，并监听着以后的动静。接受中央方针的局长田坂又十郎，于 1942 年 6 月上旬命令石田理事官、铃木事务官以及伪密山边境警察队特务队长佐藤等，将这些人一起镇压了。

他们深夜突袭了希贤比，逮捕那些一无所知的正在睡梦中的人，像捆猪似的捆住手脚装进卡车里押往密山。这些人中多数有亲戚关系，所以平时经常走动，其中还有孕妇、五十多岁的老婆婆等六名妇女。这些人遭受到特务们的残酷的拷问和非人的虐待后，多数人被安上罪名，关进保安局收容所后杀害了。

在地方也是如此。在 1942 年 9 月，伪锦州省地方保安局据侦探到"战时有害分子"的情报，理事官井上义夫命令事务官手琢良夫派前田庆助和大岛伊三郎抓人。一天傍晚，居住在锦州市东门外的中国人黄某外出时被塞进麻袋像抓猴子似地用车押到秘密联络点"清风庄"，后来又被移交到锦州市警察局拘留所，经过一个多月的拷问，最后以"反满抗日"的罪名，移送到中央保安局后被秘密杀害了。

黑墙收容所

收容所，中国人用憎恨的目光叫它黑墙（因收容所的外墙是用黑砖砌成的）。进了这黑墙里的人就再也别想出来，这里真是恐怖的人间屠宰场。

由于保安局是秘密的机关，需要高度的保密性，为此要开设独立的"秘密收容所"。从 1938 年末开始，各地逐渐成立了这样的保安局。前面介绍的伪三江省地方保安局理事官村岛三郎在 1938 年 9 月成立的"三岛化学研究所"就是其中之一。

在这个黑墙里都发生了什么呢？

1939 年夏天，从中央的第一科长升到伪三江省地方保安局局长的秋吉威郎，上任后不长时间，就将哈尔滨市道里大街道里监狱一角的伪哈尔滨市警察厅刑事科专用的拘留所改造成收容所。

这个收容所里有八个独立房间，有七个可收容五六人的房间，用于审问的有四个房间。还有一个放置皮鞭、竹刀、灌水用的长椅子、拷问用的电椅子等拷问用具的房间。

看守的特务们，算看守长斋藤贤太郎在内有五六个人，都是具有特务刑事、司法刑事经验的看守，对于杀人、打人比吃饭还喜欢。被监禁的人主要有中国的爱国人士、无国籍的俄罗斯人，一直不少于二十人。这些人在零下十多度的漆黑的监房里，每天仅有的就是一条毛巾、一碗高粱米粥和一点咸菜，他们忍受着饥饿和寒冷的折磨。早上灌凉水，夜里坐电椅受刑等，他们受尽了特务的非人虐待和残酷拷打，最后都被杀害。

这样被杀害的都是什么人呢？

1941 年，"关特演"结束不久，马上到了 10 月中旬，伪浜江省地方保安局署官兼哈尔滨市警察厅特务科的特务泉屋利吉，将作为秘密侦探使用的某中国人（当时三十五岁左右），以鸦片吸毒者有暴露机密危险为理由叫到街头，蒙上面推到车内送到收容所关押，监禁在 10 号室里。泉屋对看守长斋藤说："关押他是因为有特殊的理由，到我通知为止一口水也不许给他！"后来他疯了，可是看守们连看也不看他，在关押到第 11 天的夜里，他的抓着墙壁土的手就已经冰凉了。

接到斋藤的报告后，泉屋夜里来到监房，用泥靴踢了一脚密探的尸体，之后苦笑着将尸体用汽车运了出去。两三天后泉屋又来了，对斋藤说："他的尸体扔在了马家沟的公园，像行走的路人病了躺在道上，现在可能把野狗的肚子填饱了吧。"

是担心他吸鸦片暴露秘密吗？他吸鸦片的事儿在以前就知道的。

是不是还有什么恶事怕被暴露才残忍地杀了他呢？

这其实暴露的是特务机关的法西斯的残忍本质。

五月份松花江上的冰已经解冻，春天已经造访哈尔滨了。遭遇苏德战争和太平洋战争的 1941 年终于过去了，又到了苦闷阴暗的 1942 年 5 月下旬。一天早晨，刚刚上班的看视长斋藤接到了事务官山寺的电话，中央第八课的技师将来作注射试验，需要三擎地区准备五个人。

这五个人是在 1941 年三擎地区镇压时被泉屋抓获的，经过一年的水刑、吊刑和电刑的折磨仍然坚强不屈的爱国者。毫无办法的泉屋向理事官重富贡建议，将这五个人处理掉，重富也同意泉屋的意见，但既不能送医又不能释放，向中央申请处理后，中央的第八课长药学博士元吉正想做毒杀用药品的试验，所以派来了技师。

到达收容所的技师和斋藤欺骗大家说：“发生了传染病，需要预防注射。”技师穿上白大衣伪装成医生，将犯人逐一带到审讯室进行静脉注射将他们杀害。然后将尸体运到乞讨者收容所，用市公署的卫生车运到大平桥附近扔掉了。

他们用这样的方法，杀害了很多中国人、苏联人和朝鲜人。

第八课担任研究制作暗杀用的注射液、混入饮料的毒药、麻醉药以及防火破坏、侦查跟踪用的变装、伪装等。

人员除了课长元吉及数名医师外还有药剂师，假发制作技师等十几名专门技术者，在奉天医科大学的尸体收容所里建立了分室，具体设立时间不详。在 1943 年春天有医师和两三名助手被派到这里。这里制作的东西经过人体试验后配置到各地的地方保安局。1944 年夏天，林西办事处将侦查到的“战时有害分子”毒杀时使用的毒药就是这里制造的。

在收容所中被杀害的方式不仅有注射，服用毒药，还有严刑拷问至死和饿死的。

1942 年 7 月，泉屋利吉亲手抓捕的五名中国爱国者被杀害。在伪哈尔滨警察厅特务课看守所被拷问折磨后，泉屋认为"拿不到证据，杀掉了事"，便被移送到收容所。爱国者们被戴上手铐脚镣，用毛毯将头蒙住带到这里。

第二天泉屋开始拷问，将人两手绑在背后用麻绳吊在天花板上拷问，昏厥后放下，用凉水浇醒，再吊起，这样反复。如果还不开口就用电刑，再就是两天不给水喝，其残忍程度就连看守们也不敢直视。

但是，泉屋越是疯狂，这些爱国者越是不屈服。

"在我这里没有办不到的事"，说下这样大话的泉屋最终也毫无办法。理事官重富说："泉屋这么做都没有结果，就只有把他们杀掉了。"

哈尔滨的 7 月是最热的时候。在收容所附近的松花江岸，日本人在饮酒作乐，划船喧哗。在黑墙的看守所里，斋藤看守长正在指挥看守们准备晚饭，四五天不见的泉屋突然出现了，听说晚饭还没分发，就从皮包中取出番木鳖碱（strychnine，一种剧毒）命令将其混在晚饭中。斋藤和看守藤井、田上来到厨房，将厨娘田上的妹妹支开，将番木鳖碱撒在高粱米饭上，由田上和藤井送了出去。

在办公室焦急等待了 20 分钟，负责监视的藤井回来报告说："那些人和平时一样，没有发生任何事。"

有些慌张的泉屋追问斋藤："确实放了吗?"斋藤也是一脸茫然，泉屋跑到牢房一看，果然像藤井说的一样。斋藤打开牢门，看到腕里已经没有一粒高粱米，"确实不对"，斋藤让田上掀起了床上的毛毯，发现饭都被倒到了床下，泉屋气得使劲儿跺脚。

回到办公室，泉屋和斋藤商量："有什么好办法吗？"斋藤也是当看守长的人，马上献上一计，杀人并不在乎方法，斋藤随后就带着看守开始准备。

在准备好的审讯室内，田上将一名三十五岁左右的高大健壮的爱国者带了近来，看守们像狼一样扑了上去，将他的嘴堵住，又将他绑得结结实实，在审讯室的中央放着一桶水，他们将爱国者的头向下按在水中，爱国者早已有了心理准备，无言地挣扎着死去了。

收容所附近的俄国东正教圣彼得堡教堂的晚钟正像在哀悼着死者。这样其他四人也分别被杀害。

在两个月之后，外事系相泽雅一将收容所的无国籍的俄罗斯人虐待致死。相泽怕事件败露，用斧子把俄罗斯人的脸打碎，把尸体扔了松花江里。

1938 年末，收容所海拉尔市警务厅后面开始兴建建筑。1939 年开始使用，之后修护几次。在 1943 年建成了不仅有 3 个单间、6 个大屋、3 个调查屋，还有看所室、厨房、司机的屋子等可以监禁 40 人的收容所。这些设备设施连警察局也是没有的。这个收容所不仅是审问屠杀爱国者的地方，还用做对付苏联或外蒙的间谍培养基地。

1945 年 8 月，在日本无条件投降当时，这里仍有 20 名被关押者。平时这里常常有数十名的被关押者。

1943 年的 10 月，局长大塚善吉和理事官河上修、事务官山田外免治合谋，对各边境上的警察局特务下了特令。各地的警察局为此争先恐后，抓捕一切可疑人员。

西额旗克拉母特警察大队蕉木特务长从部下的报告里得知，中国农民刘某造谣说给警察提供情报的汉奸被扔到了河里。特务长判定刘某与苏联有联系。立刻抓捕，用残忍的手段审问之后送到收容所。

保安局防间谍队中国班班长根岸亲自审问刘某，但是刘某坚持沉默并绝食十天进行反抗，最后倒下了。理事官河上和事务官山田认为没有必要再让他活着，在 1944 年的 1 月下旬，根岸命令用注射毒药将其杀死，把尸体扔到海拉尔市郊区喂了狼。

传说中兴安地区有两种狼，在草原跑的狼没有在黑墙里的狼恐怖，说这种话的人会被当做政治犯抓起来；与苏联人说话会被当做间谍抓起来；与外蒙人往来也会被当做间谍抓起来……可想而知，在日本统治下的中国人是怎样的一种生存状态。

如前所述，保安局的收容所从中央直接管辖的绿圆街的东兴寮到全东北有二十多所，在宣传"王道乐土""民族协和"的背后，每天每夜那里都有野蛮残暴的事件在发生。

【注】

①本文原载于中国归国者联络会编《天皇的军队——侵略中国》，日本机关报出版中心出版，1988 年 12 月。

②本文由"伪保安局罪恶史"编写组撰写，其成员如下：

志田已一郎：原伪三江省地方保安局属官特谍班长。

铃木太助：同上。

古川勇一：同上。

市原利行：原伪东满总省地方保安局属官特谍班长。

日野需：原伪黑龙江省地方保安局属官特谍班长。

月足港：原伪锦州市地方保安局事务官。

水埜公冶：原伪兴安总省地方保安局林西办事厅事务官。

三品彦八：原伪锦州省地方保安局事务官。

大池政行：原伪兴安北省地方保安局属官。

斋藤贤太郎：原伪滨江省地方保安局属官。

大田伊三郎：原伪锦州市地方保安局属官。

兴柏繁：原伪中央保安局属官绿园学院副教授。

③"三江省"：1934 年 12 月，伪满于佳木斯设置三江省，位于黑龙江省东南部。

④"关特演"：即关东军特别大演习计划，是 1941 年日本侵略军在苏德战争初期准备进攻苏联的计划。

留给未来的证言（座谈）①

永富博道 富永正三 汤浅谦 土屋芳雄 汤口知正②

解说：永富博道 1937 年作为爱国学生联盟的代表，到了战时南京视察。参加过虐杀中国人俘虏。之后作为特务机关成员从军，在中国从事谍报活动，参加了很多残害中国人的事件。

永富博道：（面对东京来的学生）你们这些东京来的大学生，哪怕一个人也可以，试试你们的胆量。能空手的就空手，怎样一下子杀死对手？军人都可能不知所措，军官会说："我用日本刀砍敌人的脑袋，然后说，这就是我要带回日本的礼物"。说着军官拔出战刀，向俘虏的脑袋砍去，眼看着一支血柱喷涌而出，坐在后面的中国人吓得跑出来跳到了扬子江里，于是我拿来士兵的枪，从上面看到江里一起一伏的人，一枪，两枪，打出去，便看到江里冒出了血，尸体飘向了下游。这就是我在中国最初的犯罪。

解说：富永正三以步兵部队小队长身份从军。

富永正三： 一次在战场上，敌方的一个士兵丢下武器举手过来投降，身边的部下问我："队长，敌人扔掉武器过来了，是把他当俘虏处理还是杀掉？"当时想到如果作为俘虏处理，以后还会有很多麻烦，行军要带着他，还要管他吃饭，我不假思索地说："干掉他"。实际上那是一个中年男子，为什么当时会那样做？现在想起来就后悔。因为他已经扔掉了武器，可以把他作为非战斗人员③处理的。

解说： 汤浅谦战时作为军医中尉从军。

汤浅谦： 中队长挥舞战刀叫着"冲啊！"好像也在给自己壮胆，嗷嗷地叫着冲了上去。在他的旁边有个挥舞着太阳旗带着手枪的，也叫着"冲啊"。看上去很勇敢。四个，五个，在我面前冲了上去。不论是拿着太阳旗的，还是中队长，如果冲锋迟缓了，都会被看作见死不救，没有骨气的，这是军队里绝对的忌讳，会被指为"卑怯者"。但是，此时对面响起了"哒哒哒"的机枪声，中队长的后背开了一个洞，我给他缝合了，他还是死了。那个摇旗的士兵也死了。所以我敢说是日本旗杀了日本兵。

解说： 土屋芳雄被征兵后到中国成为宪兵。

土屋芳雄： 听听日本国民的声音，在我出征的时候都是"不管怎么样，拼命地打仗吧"在欢呼声中给我送行，那欢呼声一直响在耳畔，我感受着莫大的鼓舞。

汤浅谦： 所以必须喊"万岁"。虽然人们心里想说"你要健康地回来呀"，但是旁边有宪兵和警察，还有邻居，他们会觉得"正在打仗，汤浅家的儿子怎么这么没志气"。这样的气氛是非常可怕的。比起刑罚，比什么都严重的是"他不是日本国民"，"对支援打仗不热心"。我爸爸只用一句话和我告别："万岁！万岁！"

富永：我的妻子送行时跟我说："我觉得不能什么都不说地送你走，我觉得我有责任"。妻子真的对我说了："不管遇到什么事，不管做了怎样卑怯的事，你都要回来，活着回来"。

解说：富永正三被任命为小队长的时候，有实战经验的部下都带着杀气看着他。

富永：中队长向大家介绍说："这是富永见习士官，以后是你们的小队长。"当时我的印象是，20个士兵都在没有人性地看着我，像野兽，带着杀气。

解说：残杀俘虏。

富永：说是检验见习官的本事，也可以说是残杀俘虏。把一个个俘虏的脑袋砍掉，像完成一种仪式一样。抓到一名俘虏后，士兵将其带到一个大坑旁，旁边有一个水桶，见习士官拔出战刀"啪"的一声立到面前，值勤兵将一舀水洒到战刀上，这是因为军刀如果不浇水，砍人的时候血就容易沾到刀上，不容易擦掉。洒上水之后，把军刀斜着举起，"嗨！"的一声下去，人的脑袋落地，身体就滚落到了大坑里。

我是大学毕业出来的，自觉具有人文思想，不同于普通的军人，理解什么是人道主义。如果具有人性的话，至少不会成为杀人魔。但是一到战场上，这些想法就都不见了，战场上的环境不能让人这么说，也不能让人这么想。总之，心里想着就是不能让人看到我无能。于是像山田少尉干的那样，砍下了俘虏的脑袋，俘虏的遗体滚落到坑里。在砍人的瞬间，可以说胆量来了，胆量一下子布满了全身。

当天回到中队，点名的时候又和士兵见面了，再也感受不到他们的那种眼神了。就是说我已经变了，越过了那条底线，变得不是人了，变得可以随便杀人了。

解说：杀害平民。

富永：抓不到八路军，他们都隐藏了起来，于是只要看到人就杀。一次去一个地方，看到了妇女和孩子，我想必须把他们全部杀掉。于是我命令工作队将他们带到一个村子里关起来，在外面点上大火，全部烧死了。我不会想到他们太可怜了，或者感觉自己做了伤天害理的事，对他们没有任何怜悯。总之，在我们心里共产党就是魔鬼，是匪徒，他们反抗日本天皇的军队，我们只有仇恨，根本不会去想他们有多么可怜。

解说：拷问。

土屋：用水桶打来水，用壶打来水，让人躺在长椅子上，头在下，用毛巾或者布块压住脸，从上往下灌水。犯人因为难受要呼吸吧？如果一不小心水吸到肺里就死了。"哈"地一呼吸空气就进去了，如果没有进到肺里就会流到胃里。这样的话肚子里就积满了水，就会膨胀起来，肚子膨胀起来之后，两个人就站到肚子上使劲踩下去，肚子里的水和食物一下子都喷出来了，这时再用毛巾擦掉，让犯人吃下去。每天都是这样反复地用刑，又不能把他们折磨死。但是不管怎么用刑他们也是不说。因为他们是宪兵抓到的，其实说了是死，不说也是死，所以到最后他们也是不说。或者根本就什么也没有，什么也没做，但这里的习惯做法是"这是个重要人物"，因为他什么都不说，所以是个"重要人物"。

解说：汤口知正是以特务机关员的身份从军的。一次他带着兵队袭击了一个村落，以为那里是敌人的据点。其实就是一对夫妇带着孩子。

汤口知正："给我杀！……怎么磨磨蹭蹭的？……这对夫妇不是游击队就是情报员……现在把他们杀了，不管今后怎样，这是为了地区安全的最安全的做法。这个地区有八路军潜入进来，不能不加小心。总之要把他们杀了……把这个孩子杀了，否则他长大了后会找我们报仇，这是明摆着的……现在把他们杀了，是为了以后的安全……你，当兵的，要把枪瞄准，刺刀对准……诶，杀人要像这样……"，我用带泥的皮靴将孩子踩在脚下，将他踩死。

解说：人体解剖。

汤浅：在山西省省会第一军的太原所在地，从各地集合了大约40名军医，他们来自于陆军医院和隶属于师团的野战医院。拿到讲义之后，军医部长就对大家说："今天有好事让你们做"。讲完课之后竟是带着大家去了太原监狱。

当时还不知道要我们做什么。40名军医集合起来了，监狱的入口很大啊！有两个被蒙着眼睛反绑着的人蹲在那里。然后看到肩上带着白色肩章的看守问了声："干吗?"说着掏出手枪对着那两个人的腹部"砰砰"每个人打了两枪。被打的人没有喊疼，只是"啊啊"地叫着。之后，10人一组抬着他走了。原来是让我们练习从他的身体里取出弹头。军医部长叮嘱说："注意了，子弹取出之前要让他活着。"我们还都是生手，这里没有强心剂，没有止血剂，也没有氧气，被打伤的人出血不止，不小心就会死掉。旁边的屋子里又听到

"砰砰，砰砰"四声枪响，又有两个。之后又带来了 20 个，让我们做手术练习，切断手脚，摘除盲肠等，他们什么时候死了也不知道。

对我们来说，人已经不是人了，只不过是东西，是实验材料。我们只不过按着什么命令，忠实地认真地为了提高技术做着演练，一心想着为了国家尽力。如果是你的爷爷到了战场，直接接触的话，不管他是担任护理工作还是卫生兵，都会这样做的。只是今天他们或者沉默着，或者忘掉了。

解说：认罪。

富永：比如杀掉了一个俘虏，好像事情就完了。其实，如果这个俘虏是这个家里的顶梁柱，那么这个家庭会怎样呢？人们一般不会想到这一层。站在被害者的立场想想的话，自己犯的罪行就会使被害者的周围惨剧不断。烧掉一个房子，它的结果就是使被害者失去住所，失去食物，然后可能就是饿死，对被害者来说，他的结果就是连绵不断的灾难。以前还认识不到这样深刻的问题，现在认识了。

解说：誓言。

土屋：每个参加战争的人都有他的目的吧，我们这些战争罪人突破了人类的底线。对此我们只有深刻的反省和谢罪。被害者一方不会忘记他们曾经的灾难，也绝不会原谅。那样的话，我们必须要做点什么。只是道歉的话还不能让对方释怀，当我们从中国回来的时候就这样发誓了，我们立下三个誓愿：和平、反战和日中友好。除了这三件事没有其他的办法，除了这三件事就没有我们的赎罪之路，我们再一次明确了这个誓愿。

解说：给所有参加侵略战争的人。

汤口：对参加了侵略战争的人，所有的人，如果你辩解说："我只是野炮部队拉马车的，是别人开的炮，我当时在安全的地方抱着手抽烟了，战争和我没有关系。"如果这样想的话，不管你怎么说，你还是侵略者的帮凶，只是作为战争帮凶的你还没有意识到而已。

解说：给年轻人。

富永：希望你们一定要知道这场战争，不要忘了受害者一方并没有忘记，装作不知道的话，就不会有真的日中友好。从这一点上来说，对于我们的战争犯罪，你们如果说"这和我们没关系"的话，受害者一方还会认为这些罪行是日本人干的。不管是日本人 A 或者 B 干的，或者是富永干的，对方都会说是日本人干的。所以你们作为一个日本人，从一个民族的责任来讲，对曾经的战争犯罪，都要有自我批判的态度，没有这个态度就是空谈友好。

【注】

①本文为日本日中友好协会拍摄的《证言：侵略战争》DVD 内容的一部分。四位作者面对东京的大学生，口述了侵华战争中的种种罪行。

原文载于《侵略战争：留给未来证言》，日中友好协会编，2009 年 7 月 7 日。

②永富博道：1916 年生于熊本县。1938 年被派往中国做情报收集工作，号称"杀人魔王"。战后被关押在抚顺战犯管理所，1963 年释放回国。回国后一边开设中医诊疗院一边积极从事反战和日中友好活动，2002 年去世。

富永正三：1914 年生于熊本县。1940 年入伍。1945 年被押送到苏联，1950 年被关押到抚顺战犯管理所。1956 年被释放回日本。回国后致力于反战和日中友好活动，曾任中国归国者联络会会长，2002年去世。

汤浅谦：1916年生于埼玉县医生世家。1942年征兵被派到中国山西省潞安陆军医院，参与活人体解、细菌武器制作等。1952年被移送到太原战犯收容所。1956年被释放回日本。参加"中国归国者联络会"，积极参加侵略战争证言活动，2010年去世。

土屋芳雄：1911年生于山形县。1931年入伍，因疯狂残杀中国人多次被日军授勋。1945年被苏军俘虏，1950年被引渡到中国，被关押在抚顺战犯管理所。1956年释放回国。回国后参加"中国归国者联络会"，积极参加揭露日军暴行活动，2001年去世。

汤口知正：1914年生于桦太（库页岛）。1933年入伍。1935年在关东军14师团情报部，参加过活人体解剖、活人体手术练习等。1950年从苏联引渡，被关押在抚顺战犯管理所。1956年被释放回日本。回日本后参加"中国归国者联络会"，作为"日中友好协会"的会员积极从事和平和反战活动，2001年去世。

③指没有直接参与战争的一般市民。

第二部

反省与忏悔

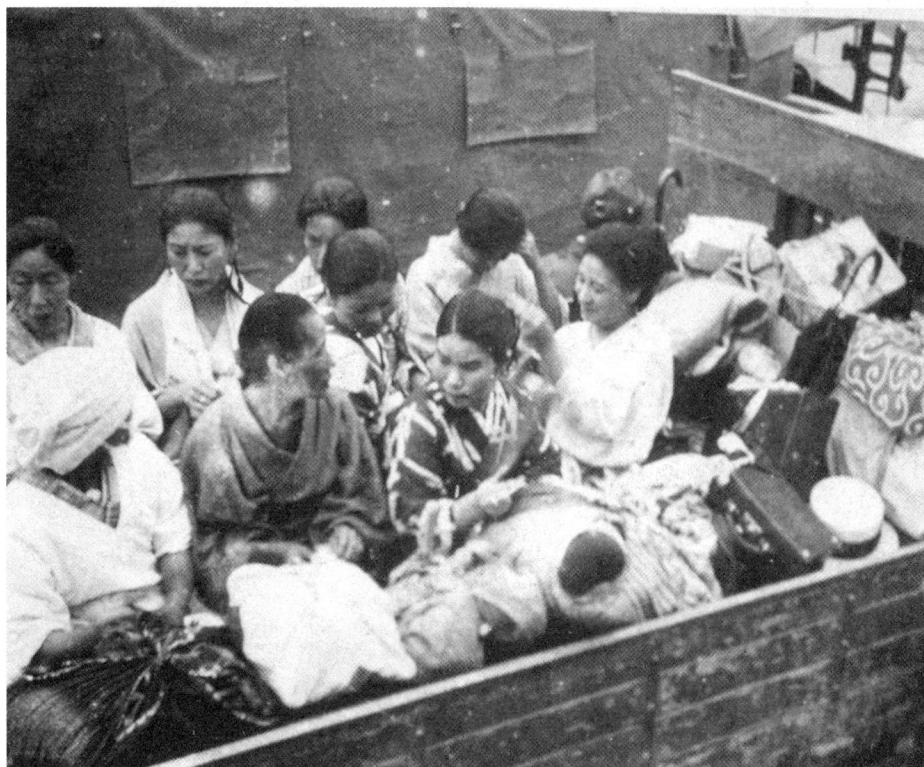

向前线运送的慰安妇

　　慰安妇大部分是朝鲜妇女，有的是被骗到这里的，有的是强征到这里的。随着战局的进展，他们被大货车像货物一样运到前线。

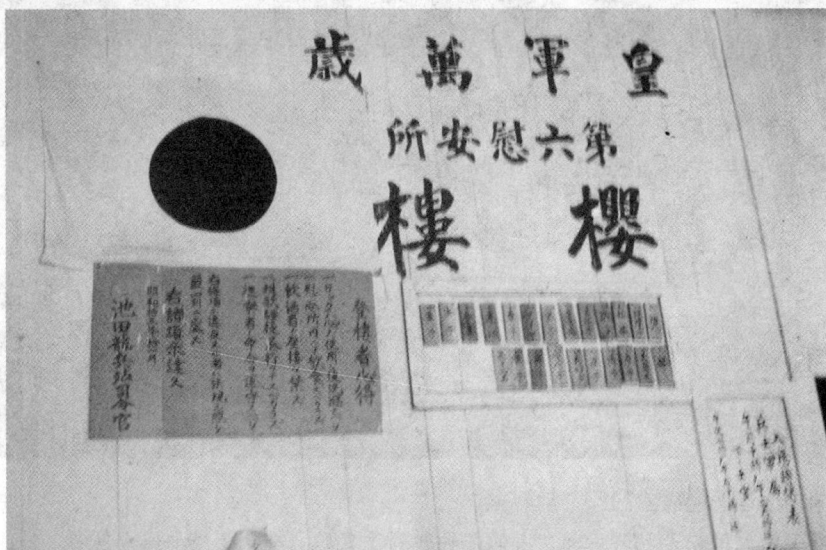

部队经营的慰安所

在日军侵占南京的过程中，数万中国女性被日军强奸，甚至有12岁女孩被轮奸的报告。为了解决士兵的性问题，司令部成立了军队直属的慰安所，并考虑由此维持部队的军纪。

这是在慰安所前排队的士兵，兴奋地等着轮到自己。第六慰安所"樱楼"的名字来自池田龙兵站司令官的"登楼者心得"。墙上的宣传板上写有"保险套用后要清洗"等注意事项。

慰安所的规定

兵站司令部关于慰安所的规定：①要携带慰安所外出证。②下级军官、士兵、军属的入场券为 2 日元。③到入场券上指定的房间。④做完后立即退出。

在慰安所里还得不到满足的士兵，便到街后小巷的私立慰安所里，找那些以此养家为生的女性。

慰问团来了

　　士兵最大的乐趣是观看慰问团的演出。如果有名的歌手来了，100公里外的士兵也会跑来观看。现场人山人海。

检查站

市里的治安渐渐平稳了，每个关卡都设立有检查站，要求出示身份证，严厉盘查。

写给日军的标语

墙壁画上用日语写着抗战的标语

对侵略者的抵抗

　　在华北的大城市到处都有抗日的壁画。壁画中满怀对日军的仇恨，动员全国人民奋起抗日。

　　这是遥远的广西学生军的壁画，十分醒目。

年轻人的命运

这个神情无畏的年轻人，是中国便衣队的侦察员。估计是不能活着回去了。

遭遇伏击

　　1938 年 12 月，为了徐州
会战，第十七连队受命北上。
徐州战役是在平原上展开的，
到处都有可能遇到抗日军的伏
击。一天，我们通过徐州附近
的一个村落时，突然受到来自
两侧民宅的伏击。恐怖伴随着
士兵争先恐后地逃脱。

　　前面的汽车陷在了壕沟里，
后续车辆都堵在那里。接着又
受到了集中攻击，士兵们散开
来迎战，总算逃了出来，死伤
了十几个士兵。

看不到尽头的持久战

日军在汉口战役中投入了30万兵力，由于中国军队的激烈抵抗，日军死伤超过2万2千人。战局陷入看不到尽头的持久战。

一天，征用粮食的小队出发了，晚上却一个也没有回来。第二天他们到附近的村子搜索，也没有任何发现。结果，日军将附近的村子全部烧光，跑出来的村民都被射杀了。

"精锐"部队的下场[1]

小岛隆男[2]

　　我把班长伴少佐桌上的破烂儿用力推了下去后，仰身靠在了转椅上。听说要与苏联打仗，军心惶惶。6月以来令人惊讶、愤怒的往事连续不断地浮现在我的脑海中。

　　刚到关东军的时候是 1945 年 5 月 30 日。我从山东被转派到这里，进了关东军司令部的大门。军司令官的办公楼和医务室之间的建筑物就是关东军特殊情报队。那时穿着夏装还有些冷，加入"北边的守护者精锐关东军"的直辖部队，还是在部队的司令部工作，我不由得踌躇满志。

　　因为是高级司令部，和在中队时不一样，下士官和士兵都是"素质"高的，不用担心他们胡闹。另外高官很多，和他们搞好关系可能会很快晋升。不会像在山东似的，夜里也要防着八路军的偷袭，在这儿可以高枕无忧了……

　　7月上旬，在将校们进行地图模拟战时，队长小松三己雄少将在最后一天做了这样的总结。他说根据情况判断，现在有苏军将要进攻的证据，但也有不进攻的证据。关键在斯大林的人格……，不管怎样，我们在边境的兵力非常薄弱，但我们有坚固的阵地，坚持三个月绝对没问题。另外，他还预测苏军的进攻应该在秋季以后，因为是收获季节，对进攻有利。

我想到了山东作战时的情况，原来如此，收获时节不必担心粮食问题。到底是队长，看到了重点，我的内心产生了共鸣，听到"三个月没问题"这句话就更加相信他的话了。

7 月中旬，原驻德国武官林少将在逃往日本途中来到特殊情报队，把将校们召集到了一起，告诉我们说：1941 年，希特勒德军之所以可以利用闪电战一举逼近莫斯科、列宁格勒，就是因为关东军特殊部队给了希特勒密码本，从而破解了苏军的密码。

那时我已经能胜任一些工作了，有时可以躲开上司的眼睛，跑到三楼的无线监听室去捕捉来自纽约或火奴鲁鲁的电波，听爵士乐偷懒。

虽然牛皮吹得很大，然而在南方，遭到了重创的关东军开始急忙召集预备役军人并进行大规模改编。

军司令部前聚集着一批召集来的上了年纪的将校，他们正在练习敬礼。经过一番训练，他们将带着一把剑，一队兵奔赴满蒙国境。

7 月，花了一个月时间，军司令部的地下作战室悄悄地进行了大改装，改装后的作战室能经受得住一吨炸弹的攻击。

到了 8 月上旬，这种危机终于正式开始了。首先苏军更改了部分密码，使破译变得困难，这是第一不安因素。在破解了的暗号中了解到"苏军机械化部队已在西部边境完成集结"的信息，成了第二个不安因素。另外，北部国境部队下达了《实施士兵战时烟草定量制》的命令。这时，队长小松急急忙忙地飞奔去了军司令部。回来后在吃午饭时，他在将校会议室里对大家说，现在的情报军司令部的情报该如何判断，如何进行处置是个问题。准备日苏开战的判断很是重要！他说的话没有了以往的铿锵有力。而就在差不多半个多月前，我忘了带军刀，正要披上披风出去时，不走运被队长小松撞到了，被他狠狠训斥了一通。

关东军急忙开始备战对阵苏军。各兵团开展了对坦克的攻击训练，并在全满各处搜捕中国人，破坏房屋，强占土地修筑防御阵地。与此同时，发动全满的宪兵、警察，强化更为残酷的经济统制，捕杀被称为所谓"不法分子"的中国抗日爱国者。

不久，美国的无线电里开始了原子弹投下的盛大宣传。

在这样的氛围中时间到了1945年8月9日。

未明时分，突然响起了防空警报。"日苏开战？"正在宿舍里的我立刻想到的就是这个。我急忙穿衣跑过昏暗的街道，飞奔进司令部。到达阴森的特殊情报队时，高级副官越智少佐正在入口处徘徊。参谋藤井少佐面部僵硬，急急忙忙地跑了过来报告说，在满蒙国境我军正与苏军激战，大规模战斗马上就要开始了，可刚组建的部队还做不到人手一支枪，真让人头疼，他一边对越智说着一边跑上了二楼。不久，高级将校、高等文官和文职们慌慌张张、不知所措地在这儿聚集了起来。直到昨天，这些乘坐高级车去高级餐馆，以艺妓为伴，豪杰般地大笑着，享受着酒保提供的烟酒，见好的就拿的高级将校们，那些为老婆、女儿买阳伞和浴衣买红了眼的大尉、文职们，都知道了日苏开战的事，他们惊慌失措地不知怎么办好。

一会儿天大亮了。我监听到了苏军的坦克、航空部队的无线信号，从方向上判断，"坚固的国境阵地"在苏军的攻击下迅速崩溃，苏军势如破竹的进攻仿佛就在眼前。

这时传来了将校集合的命令，三四十名将校之中，从国境地区办事处来的队长们——木村少佐他们并排站在最前列，盛合中佐铁青着脸，小松队长手握军刀脚步急促地走了进来。他说：

"最后奉公的时刻就要到了，事发突然，没有准备什么，谨祝各位武运昌盛，并以此作为告别的干杯祝词。"

我也分到了杯子。听前面有人说："祝阁下身体健康。"我们用水干完杯时，队长急匆匆地走了出去，从此踪影全无。

从北方满蒙国境苏军的电报中获得了"对日宣战，务必彻底传达至士兵"的命令，确认了开战的事实，大伙儿都懒得张口说话。

有将校说："再过四、五天新京就会变成战场。"香川大尉对我大吼道："这封电报很重要，再对照一遍密码本！"

令人不安的黎明，接到的报告是苏军一步步逼近，而向前线运送士兵的车站一片混乱，关东军的末日就要到了。

派往前线的增援部队乘坐的军用列车还没出发，11点就开始准备"家属避难列车"了，理由是"通知满洲国的日本人已经来不及了。"军司令部将校的家属可最优先乘列车逃跑。

日本人平常大体都被灌输了"精锐的关东军"，最后"要与军命运共存亡"的思想。还有收音机里在播放的"军舰进行曲""爱国进行曲"和关东军报道部的"战果"报道，这都造成了人们对军队的信任。不了解战况，正安居乐业的人们，能在一两个小时完成避难是极其困难的事情。狡猾的高官们知道一切，找有利于自己的借口，先把自己的家属转移到"安全地带"。

在将校们驱使下，士官和士兵整理家人的行李，让勤务兵把行李装上马车。副官兵藤大尉和家人一起上了卡车，一切准备就绪的兵藤从此和家人一起消失了。

每个人都把大件行李往马车上放，贪心不足的盛合中佐甚至装上了两件。

大尉级的军官威逼下士官和士兵们，命令他们静下心来赶快破译密码！自己却只顾得在班长和办公室之间惊慌地往返。

为了整理行李，我也回到了宿舍。我想已经到了最后关头，所以从头到脚都换上了新装。还想到最后会逃到山里，于是急忙往行李里尽量多塞了些鞋和袜子。

"密码破译班"最牛的，也是最自高自大的相当于大尉级的翻译宫崎来到我这儿，想要一条冬天的裤子，问我有没有，我告诉他说裤子在宿舍的壁橱里，他高兴地低头致谢，马上让勤务兵过去拿。

总是满面笑容、油滑的大和田大尉，从家里回来也穿着肮脏的衬衫，我对他说，现在已经到了最后关头，应该穿一件新衬衫。他认为我说得对，就命令勤务兵把他刚脱下的衬衣送回家。

不久接到了命令，"密码破译班"的 70 人里，我成了留守班长，分配给我两个文职，两个士兵和一个勤务兵。"会计"是横川中尉，"庶务"由年轻将校担任。剩下的二三十名人员几乎都是单身。任务是在本队和司令部到达通化之前，收集苏军情报、烧毁文件、烧毁器具，完成任务后尽可能追上部队。

"密码破译班"精通俄语的将校、文职、下士官和士兵有二三十名，仅军司令部就有一百多人，却把我这个来到这里才不到两个月，只因为有过战斗经验的我留了下来。

当时战斗进入了关键时刻，满蒙国境地区的日军四处奔逃，音讯全无，逃进山区靠劫掠中国人的粮食为生。他们在边境城镇的黑河、孙吴、海拉尔、东安及其他乡村接二连三地炸毁阵地、仓库、军营等重要设施，放火烧毁街道后逃离。我尽职尽责地边工作边想，再晚几天就不能平安地逃离新京了。想到他们只把独身者留下这件事，我心里不禁一阵阵抽痛。

但我又自我安慰地想"在将校和高等文官扎堆儿的地方中尉只

能垫底儿，在这里山中无老虎，我就可以称霸王了。"这样想着我竟然不禁暗自高兴起来。

从此我开始了宁为鸡头不为牛尾的生活。

各个房间空空荡荡，泥巴遍地，桌子上胡乱地扔着茶杯，平常一张也不许带出去的通信纸四散在地，风吹乱了满蒙国境地带苏军阵地的大型作战地图，书架周围散落着十几本俄语词典，打字机的活字盘也被打翻在地，到处一片杂乱，实在让人看不下去。还有"交给了希特勒"的密码本——本来严密保管的密码本，现在像废纸一样被扔在桌子上。我大声命令士兵把所有文件都给我拿到外面广场上烧掉。

因为是重要文件，所以要烧。但是哪些是重要文件，士兵和勤务员完全搞不懂。看到他们慢慢腾腾地干活儿，我从转椅上站起身来，跑到楼下拿了把大锤子上来，为了发泄郁闷的情绪，闯进了散发着脂粉香气的打字室，对着几台并排摆着的俄语打字机一通狂砸，活字也碎了一地。接着我又把电话机砸了个粉碎。

回来我又在转椅上坐下，院子里，烧文件的火苗蹿得老高。这时横川中尉走了进来，他带来了用印有花纹的银纸和厚厚的玻璃纸包起来的，我从来也没见过的烟草和点心，这又使我高兴了起来。

横川说他以司令部的名义从银行贷了 20 万日元，这样我们就可以吃好吃的东西啦！横川满脸得意地说。可是我知道，比起吃来，命更重要。

入夜，焚烧文件的火仍在熊熊燃烧，火星诡异地飞舞着，将眼前空无一人的军司令部大楼照红。

这样的状态日复一日，要到 13 号最后的避难列车才会开出。

我好不容易才处理完工作，心想太好了，决定乘坐那列火车逃离新京。

关东军为了阻止苏军的进攻步伐，接连炸毁了铁路桥梁，致使线路不通。哈尔滨、齐齐哈尔、牡丹江的"重要设施"的爆破都已经结束，马上又要开始南方的爆破，这样可以阻止苏军前进，但同时也断了日军的退路，关东军只剩下垂死挣扎这一条路了。

因为得到了各地中国人正在奋起反抗的消息，我握紧兜中的手枪，坐上汽车前往车站。

郊外的道路两侧，士兵们正在拼命挖掘"猫耳洞"。

日本人包括女孩儿都在大街上夜以继日地挖防坦克壕，他们没有吃的，被抛弃在那里，在无序的混乱中无路可逃。

高大的军用大楼开始冒着黑烟燃烧了，杂乱的枪声一定是在镇压中国人的反抗。

赶不上最后这趟列车的话，就会困死在这儿。不久"新京"将成为一片火海，中国人的反抗也会愈演愈烈，到时候逃也逃不掉，会陷入八方合围、弹尽粮绝的境地。

可是，无线电里仍在反复播送着关东军报道部发布的"我航空部队在西部国境地区轰炸了前进中的苏军机械化部队，炸毁敌坦克多辆"的"战果"，还有那张硕果仅存的"爱国进行曲"唱片。

这就是关东军，所谓"精锐"关东军的下场。

被关押在抚顺战犯管理所时，我是个不承认战争罪行的人，经过吴浩然先生的耐心指导，我终于找回了失去的人性。

1987 年先生来日，在机场接受电视采访时说："我是为了日中友好才热心指导他们的。他们作为过去的侵略者，更清楚地知道应该如何为和平做贡献。"

作为加害者的我，被千刀万剐也不能补偿我所犯下的罪行，可作为被害者的中国人民没有处死我，反而宽大地放我回国。管理所中吴先生常说的"真理必胜"，这句话在回国后 30 年的生活经验里得到了印证。

不明确战争责任，就不会有真正的和平，把侵略战争的实际情况告诉给下一代，可以说是我的任务。

【注】

①本文原载于中国归国者联络会编《天皇的军队——侵略中国》，日本机关报出版中心出版，1988 年 12 月。

②小岛隆男：1917 年生于东京。关东军司令部特别情报中队中尉，战后在押于抚顺战犯管理所，1956 年被释放回国。回国后积极从事反战和揭露日军侵华暴行活动。

血与恶臭的前线医院^①

高野爱子

分配战地陆军医院

太平洋战争最为激烈的昭和 19 年（1944 年），我接到了一纸征召书。当时为了国家做贡献是很荣耀的事情，但是我做为一个女孩儿被征召，母亲怎么也接受不了。出发前夜，母亲诉说肚子疼，一直在床上翻滚。第二天早上，她一个人站在路旁来送我，我不停地摆手和她道别。

我被分配到中国武昌的陆军医院，在一个女子学校里放几张床就成了前线医院。白天受伤的士兵，晚上被运到这里。这些士兵大都蓬头垢面，身上爬着虱子，脏兮兮的绷带上散布着蝇卵。军医一边用遮眼罩检查伤者，一边将他们分开处理，直到东方发白。

伤兵的伤口上爬着蛆

灯火管制下的手术，也有因为遇到空袭中途停下的时候。摘取伤兵身上的弹片时，即使没有麻醉也没有人喊叫。看到他们的伤口里涌动着的蛆虫，让人不寒而栗。手术后的伤兵，或者仍是昏迷不醒，或者将绷带拆掉不管，或者任由伤口流着血，被切断脚的伤兵任由他翻滚……这里没有休息，每天都是如此。

武昌的夏天酷暑难耐，护士们每天都忙得全身透湿，晚上只好用外用皮肤药膏涂在身上，像化妆品一样抹在脸上才能睡觉。这里有染上传染病的伤兵，有因高热而神志错乱的伤兵，有因为手上的水泡奇痒把手伸进冰块里的伤兵，有感染痢疾来不及上厕所的伤兵。虽然准备了很多尿布，但是其他用品还是不够。恶臭充斥着病院，一不小心就会看到苍蝇生下卵，然后看到蠕动的蛆虫。

冬天缺少御寒的燃料，也有因营养失调，裹着棉被躲在厕所死去的伤兵。

令人气愤的现状

比什么都高兴的话题是食物和家人的来信，人们一边用手掐着虱子一边看着手里的来信或照片。母亲的信里多是"为了军人的荣誉而死"，妻子的信里多是写着情话，叮嘱"早点回来"。

这样的战争体验多不胜数，战争将人们的幸福和生命像废纸一样夺走，每想到这些就令人不寒而栗。再看现在的日本，又不由得使人气愤不已。为什么当时要让人们饱受战争之苦，人们是否还记得那场战争的历史教训？

我不希望人们在"和平""自由"的口号下忘记过去，为了使年轻人不再重走战争的老路，为了每个人的幸福和生命的尊严，我会以我一个战场护士的经历，继续讲下去……

【注】

①本文原载 1976 年 8 月 7 日《日中友好新闻》，日中友好协会编。

"满洲国"覆灭前的举家逃难[①]

川田敏子[②]

把中国人赶出去之后

昭和 14 年（1939 年）我和父母兄弟七人乘上从福井县敦贺港出发去朝鲜清津的日本渡船，再从那里乘火车到牡丹江，从牡丹江再向北到了北满三缰绳桦川县读书村开拓团。

我的家里很穷，原来住在日本岐阜县惠那郡，靠务农生活。我小学一毕业就到了纺织厂做女工。我不想去北满，母亲和亲属们也都反对，但是父亲坚持"这是为了国家，必须去"。结果我参加了长野的开拓团。

行前就听说北满的土地如何肥沃，如何盛产粮食等，结果到了才知道，这里寒风飕飕，连一片绿叶也没有，和家乡的气候天差地别。一个村子分成六个部分，虽说是开拓团，但是既没有田地也没有住处，都是赶走了当地的百姓才安顿下来的。这个原来叫做公心集的村子变成了长野县读书村的分村，在村子里的中间有一条路隔开了日本人和中国人。

一年后我和邻村的日本青年人结了婚，有了一男一女两个孩子，在昭和 20 年（1945 年）7 月之前，我一直是专心干农活，过着虽然贫穷但是也算平静的生活。

这里的农活和日本的完全不同，一亩地也很大，没有水田，我也不会使唤牲畜，只好雇佣中国人种些大豆、高粱、谷子和玉米。

丈夫死于战场，剩下了孩子

昭和 20 年（1945 年）7 月，我的丈夫以及很多男人被陆续征召到关东军，不久丈夫死于战场——这是我从日本的来信中才知道的。丈夫一死，就剩下了我和五岁的长子、八个月的长女以及十二岁的表妹。当时不知道日本已经战败，只知道这里也许会成为战场，又接到通知要我们到安全的地方避难，于是从六个村子里一起涌出了避难的人群，来到阎家车站。但是因为对避难方向的意见不一致，乱糟糟的人群又都回到村里。第二天，一个少年告诉我们，当天夜里有两个村子遭到了袭击，有一百六十多人被打死。表面看我们和中国人的关系还算不错，这次袭击也不知道是因为什么发生的。剩下的四个村子的日本人背上孩子，手牵着手开始了避难。

死亡的旅途开始了。

我拜托中国人帮我装满了过冬的衣物，赶着马车出发了。今年的雨水特别大，道路非常湿滑。十五岁的少年和老人拿着枪守护在我们身边。到了夜里，枪声伴着榴弹的火光向我们飞来。虽然是第一次经历这样的场面，因为一心逃难也没有感到恐惧。不久马车到了湿地，陷到了泥地里，结果用了三天三夜才算走出来了。

一边哭叫一边说，给我水……

也不知是从后面哪里打来的子弹，将守护我们的十五岁的少年打死了。他的母亲一边哭着一边将他的遗体放在树下，试图用土埋掉，但是还来不及埋掉就不得不离开了。没有食物，也不知道要去哪里，人们只是盲目地往前走着。

不久来到了一个小山下的河边，河上有一座桥，如果不走桥的话就只能渡河。山影里有人在向桥这边打枪，有几个人开始下河试图游到对面，对面也有掩护我们的人在射击。很多人和车马被打中，大家只好扔下行李，拼命渡河。也有背上的孩子被子弹打中的。之前，我的父亲就被子弹打死了，弟弟跑过去用草掩埋他的时候，哭着跑回来，原来他的脚又被子弹打中了。

人们死伤无数，扔掉了家财。也有很多中国人一起跟着逃跑。不久来到了一个叫太平镇的村子，这里的老乡很亲切地给我们饭吃，使我们又恢复了一些体力，离开太平镇我们又出发了。不久又遇到袭击，人们又连滚带爬地四处逃散。我和母亲以及三个妹妹离开太平镇不久，母亲的腰部就中弹不能动弹。我们不得不看着人们走远，一边哭着一边守护在母亲身边。母亲背上三岁的妹妹因为母亲中弹时爆出的弹片，眼睛被炸飞了，临死前还哭叫着"给我水，给我水……"。母亲在死前说，你们都过来，看着我是怎么死的，我们听话地围过来。这时一个中国人过来了，看到我的一个妹妹说，"还活着！还活着！"就把她抱走，喂她饭吃，不久又回到母亲这里。母亲因为失血过多死了。我的两个妹妹留在了那里，又回到了原来的开拓团的地方。这些都是后来从妹妹那里听到的。

饥饿和寒冷，人们纷纷死去

我带着孩子向着方正县的方向逃难。从佳木斯最后的战场残留下来的日本兵跑到了山里。我带着孩子没命地奔跑，山里虽冷但蚊子很多，我不得不点起篝火野宿。在翻过了一个山头的时候，由于没有了奶水，我只好用水喂养只有 8 个月大的长女，但是她还是饿死了。我把她的尸体放在了树下。万幸的是，如此奔波的我却没有受伤。那些没有跟上来的人，双手合十等死的人怎么样了呢？

从开拓团村子出来有二十六七天的时间，我终于到了方正县收容所。日本兵都不知道跑到哪去了。虽说是收容所，不过是开拓团遗留下来的住处。这里暖和多了，粮食虽然不多，但也可以填肚子。进入 10 月，由于严寒和饥饿，使那些从各地来的日本人纷纷染病死去。在外面零下 30 度的严寒里，我们蜷缩在小屋里，没有被子，用一张草袋子盖在身上睡觉。为了抵御严寒，想到死人身上或许有衣物，但是到了堆积死人的地方一看，死人都像冰棒一样，裸着身子堆成了山，吓得我赶紧跑了回来。

总算活着回到了日本

12 月 30 日，想到再这样待下去就全完了，于是我带着长子、表妹和在收容所遇到的两个弟弟一起来到了一个中国农民 K 先生的家里求助。

长子在收容所得了麻疹，奇迹般地好了，如再待两天我们就全都死掉了。当时，长子一定要去有中国人的地方求救，我也是不想这样

死去，一定要活着回到日本，K 先生救了我们一家 5 口人。之后过了
8 年，昭和 28 年（1953 年）的时候我们有机会回日本了，但是我和
中国丈夫 K 又有了两个孩子，我不能丢下丈夫，扔下孩子回日本，
我决心留下来，只有两个弟弟回去了。之后，K 先生去世了，我又忍
不住想回日本，于是带着孩子和孙子 9 个人于昭和 51 年（1976 年）
回到阔别 37 年的日本。

　　中国是我的第二个故乡，也是我的救命恩人，我还有两个女儿留
在中国。我祈愿中日世代友好，绝不再有第二次战争，我希望通过我
的讲述，让没有经过战争的下一代知道，战争是何等恐怖和残酷。

【注】

　　①本文原载 1980 年 7 月 6 日《日中友好新闻》，日中友好协会编。

　　②本文署名为其化名。

防空警报下的痛苦呻吟①

山上新太郎

1945 年 8 月 6 日晚上，美国空军的 B29 轰炸机编队空袭了前桥市，造成了重大的人员伤亡，房屋等众多建筑遭受严重破坏。

由于包括 8 月 6 日空袭事件在内的相关"大东亚战争"的报道，都受到了军部的控制，因此，我们听到的都是日本帝国的海军和陆军取得胜利的好消息，至于大战局的推进和展开的真实情况则被视作禁忌内容。《日本军队勇猛果敢的进攻和取得的战果有哪些?》这类标题的新闻充斥着报纸新闻的版面。虽然社会不安定，但大多数市民都相信了日本在战局中处于优势地位的这种虚假现象。

在当时，因为战时统一的经济体制，经营活动受到极大的限制，经营所需的材料十分有限，我失去了谋生的方式，只能在古市街的物理化学研究所（军需工厂）工作。

由于工厂是由军部管理，所以生产量的提高也是为了应对战场需求的扩大。可以说，在战争中后方补给工厂担负起了重要一环。

1945 年 7 月到 8 月间，美国军机不断入侵日本领空，而且轰炸的强度日益强烈，"防空警报"也不分昼夜地发出令人毛骨悚然的鸣笛声。

进入到 8 月之后，美国军机在白天侵入到前桥的上空，我看到两三架飞机洒下了宣传单。这些传单的内容是让日本接受波茨坦公告。

大本营把当时的情况解释为谣言宣传。对于敌机的入侵和轰炸，日本陆军和空军没有开展适当的反击和战斗，这也让我深切地感受到了战况不容乐观。

8 月 6 日傍晚，警报声不断在前桥市上空响起，前桥市的市民们都笼罩在空袭之前的恐怖不安的气氛中。

当时我带着三岁的儿子，为了每天晚上在空袭的时候保护自己的家庭，我都会推着两轮拖车（绑在自行车后面，运送货物的安有胶皮轮的拖车）装上一定量的粮食和铺盖，逃向避难所。

我感觉到"今天晚上很危险"，所以我让儿子坐在两轮拖车上，同妻子朝着三俣镇的水田方向飞快地逃跑。

当时，为了防止由于空袭带来的伤害，社区小组的组长拼命地叫着："带上防空头巾……进入防空洞……别忘了防火"，但是最终还是徒劳无功而返。

推着两轮拖车来到郊区时，狭窄的小路上挤满了逃难的人群。在灰蒙蒙的夜空下，对美军飞机的咒骂声、惊恐声、悲鸣声相互交织，狂乱的市民们进退维艰。眼前呈现的简直就是一派人间地狱的惨状。

不久，开始下起了小雨。这时候，美国飞机在投下照明弹之后，B29 轰炸机开始了轰炸。

在黑暗的西边有火球不断升起，一瞬间从南到北在市区的各个地方都燃起了大火。而前桥市作为无防备城市，面对美军飞机的轰炸，不要说反击能力就连防卫的能力都没有，完全暴露在美军的打击之下，只能坐以待毙。

我们一家人在两轮拖车上面铺上被子，躲在被窝中等待最后命运的到来。

空袭结束后，轰炸机的身影也消失不见，前桥市化成了一片火海，燃烧的火焰窜到了天边。

眼前呈现的不仅有被炮弹直接击中后死去的妇人的脸，也有在避难的混乱中被装有行李的货车碾断了脚的老人。

因为担心父亲的安危，我撇下了妻子和儿子，又跑向正在燃烧中的市区去救父亲。

当我来到父亲居住的细镇（现在称为住吉镇）的时候，家中的蚊帐正在燃烧，房屋也已经烧掉了一半。向附近的邻居们打听，才得知父亲已经被当地的警卫团救了出来。

我从燃烧着的市区回到了妻子和儿子的身边，告诉了他们市内的情况后，又跑回市区观察市内受灾情况。前一天，因为美军轰炸机投下的燃烧弹，整个城市的大部分已经变成了一片废墟，很多市民因为美军的轰炸和大火失去了宝贵的性命。

奉行绝对主义的天皇制军队试图建立"以日本帝国主义为主导的大东亚共荣圈"的野心终于被打碎了。他们利用爱国主义的名义动员日本国民，掠夺领土和资源，对其他国家的国民则采取奴隶化措施，加强对他们的压榨，幻想着自己的统治和满足自己的贪欲。以日本军队为武器的这场侵略战争，也终因战败而画上了句号。

但是，在战败 28 年后的今天，日本真的好好反省了那场侵略战争中所犯下的罪行了吗？真正地坚守了和平宪法中的和平民主的条款了吗？

反动势力通过囤积居奇、垄断收购、物价波动来获取巨额不法利润，严重危害劳动人民的生活、健康、商业活动。他们活动的根本目的和企图就是要增强日本自卫队的实力，不断推动新殖民主义的海外扩张，我们应该高度警惕他们破坏中日不再战的期盼，破坏亚洲的和平民主的期盼。只有同这些反动势力进行斗争，我们才算是真正从前桥空袭这个历史事件中吸取了血的教训。

【注】

①本文原载 1974 年 7 月 19 日《日中友好新闻》，日中友好协会编。

法西斯的军营[①]

斋藤康治

1943 年（昭和 18 年）1 月，我被征兵来到广岛集合，做了身体检查之后随即就经由朝鲜来到了南满洲的阜新。在这里接受了第一阶段的教育（一般兵种的军事教育），4 月开始，我就在北满的北安陆军医院当了卫生兵。

在陆军医院，作为卫生兵的我又接受了 5 个月的教育。陆军医院虽然每年都会有十四五个新兵加入（因为是小医院），但每年新兵的来源地都一样。我们这一年都是来自北海道的，前年是来自东京和京都的，大前年是来自三重的，明年据说会从是来自新潟和石川。

军队里免不了个人惩罚（比如打耳光等），陆军医院也一样。而且，我还听说正是由于士兵来源地不同，才会出现更为过分的情况。

因为枪支维护得不好，餐具洗得不干净，衣领脏乱等，新兵都要被列队打耳光以致于三天都抬不起头来。教育期间，白天是晦涩难懂的卫生兵教育课，下课后打扫兵营寝室卫生，保养兵器，洗涮自己的衣服以及二年兵、三年兵的衣服等等。总之，在点名之前，我们得像老鼠一样不停地工作。

和我们一起接受陆军医院卫生兵教育的还有部队里的卫生兵。他们的部队驻扎在医院附近，有十四五名卫生兵。

有一次，一个叫佐藤的部队卫生兵被一个三年兵用日本传统布靴（可以将大脚趾头和其他四趾分开的布靴）抽了耳光。到底是由于什么原因，被打了多少次，我都记不清了，但是，他左脸颊上的淤血痕，我记得是经过了 20 天左右才消掉的。这一刻，我这一生都不会忘记。

这个打人的三年兵，现在还只是个一等兵。在同年兵中，有伍长升为班长的，有变为前任兵长或者上等兵的。一等兵只占三分之一，约四五人。我认为正是现在的五级评价体制②，才导致了士兵心理的不平衡，从而出现了这种暴力场面。

从 1943 年（昭和 18 年）开始，1944 年、1945 年战败的气氛越来越浓。在满洲部队，从中国本土不断向南方，向冲绳转移，大量的士兵负伤，很多还失去了宝贵的生命。

那位被别人用布靴打得脸上留下淤血的士兵最后是否平安地回到了日本？不得而知！战争的真实画面就是：无数的生命死于战场的炮火，或者死于病魔。同时，后方陆军医院这种无视人性的惩罚，也都冠以了"圣战"和"天皇的军队"的美名。

现在，日本军国主义的复活行动越来越露骨，而我们的人口当中，超过半数是没有经历过战争的一代，我认为经历过战争的我们应该拿起手中的笔墨，振臂高呼：战争这条路不能走！

【注】

①本文原载 1978 年 9 月 10 日《日中友好新闻》，日中友好协会编。

②参见 098 页注③。

我目睹了人间地狱[①]

谷口伊佐男

1945 年 8 月的白夜仿佛让人忘记了白天的灼热，远处闪烁的星光仿佛能将一整日的疲惫都洗涤干净。

那个时候，冲绳的"玉碎计划"让本土决战的气氛浓重了起来。佳木斯的蒙古里飞行战队也不分白天黑夜地将"九七式"战斗机改良为特攻战机。

我从未想过日本会战败，也一直相信"神风会起来的"（尽管现在想来是多么愚蠢）。

8 月 9 日天还没亮，我们被突然叫醒。苏联军队攻入，友军的独立守备队已经全军覆没的消息在队内蔓延开来。我以为决战的时刻终于要到来了，不安感和紧张的情绪让我觉得脊梁骨发冷，感觉不能长时间地再等下去了。这时，"满军造反了"的消息更增加了不安和紧张感，对于军队里的老兵和将领的行为也很是恼火。

在接到了立即去佳木斯车站集合的命令后，我们收拾好随身物品来到了佳木斯站。这时候，我的信念也完全崩塌了。车站里挤满了希望乘车南下的开拓团的成员和普通的日本居民，但是军队对待他们就像对待蝼蚁一样轻贱，这些场景如今仍历历在目。

有一个带着两个孩子的女人，我不确定她是不是开拓团的人，但是她对军官抗议说："让我们也一起上车！"那个场景，虽然已经过去了 24 年，但对于我来说，仿佛是昨天才发生的一样，印象深刻。

军队的装甲车开了 5 天，从佳木斯到了哈尔滨的平房。然后，在平房的机场，我们被解除了武装。那时候的日本军，俨然变成了一个混乱且野蛮的集团，我对于人能变得这么悲惨至今仍心存余悸。

这之后不久，从平房到牡丹江的 8 天里，我们在久下不停的阴雨和泥泞中跋涉，一场弥漫着死亡气氛的行进就这样开始了。放在一只军袜里的一点大米，是全部的食物。后来，我们和开拓团的人与普通日本居民合流在一起，毫无目的地继续前行，大部分人都是女人与小孩。

有一个剃了光头的妇女，头几天，背上背着一个尚需哺乳的孩子，两手还各拉着个孩子，就这样走了几天后，由于饥饿和疲惫，她请求我们说："兵大哥，把这个孩子杀了吧。"那一刻，我体验到战争带来的残忍与可怕。一个看似冷酷的母亲，在一个农田边的水坑里，把自己的孩子的头按进去让其溺死了，还一边不断叫着孩子的名字。看到这样的场景，我感觉自己正处在人间的地狱中。

自那以后 24 年过去了，我虽然营养失衡瘦得也只剩下了皮包骨，却所幸得以生还。一想到有很多人，或被欺骗，或身负重伤，或丢掉了性命，作为一个有幸生还的人，再也不想经历那种残酷悲惨的战争了。

看到侵略中国的日本军犯下的种种罪行，看到战败后关东军对于老百姓见死不救的行为，让我深切地明白了一个教训：战争中受伤害最大的永远是我们这些普通老百姓。

【注】

①本文原载 1969 年 8 月 13 日《日中友好新闻》，日中友好协会编。

战争蹂躏了我的人生[①]

大井富士枝[②]

告别丈夫和母亲

我出生在 8 月 15 日。在战前，这一天作为我的生日，本是一个值得庆祝的日子，然而由于战败，这一天就变成了我和母亲分离的日子，也变成我和深爱的丈夫分离的日子。以这一天为界，我的生活被彻底改变了。

现在回想经历的战争和之后的岁月，虽说期间自己似乎变得更加坚强了，但到每年的 8 月 15 日，特别是在战后 30 周年的今年，依然会觉得比以往过生日的时候更难过。

我生长在佐贺，这个地方封建意识比较浓厚。母亲的娘家在副岛，嫁给了在神户川崎造船厂当课长的父亲高柳。在和母亲结婚之前，父亲本打算和一个饭店的女招待结婚，但因为他父母的反对就只好和母亲结婚了。当时我母亲在满洲红十字会医院做护士长，从大连被召回国。一年之后，母亲怀上了我。在母亲回佐贺娘家期间，父亲又和那个女招待生了一个男孩。因为父亲很想要一个男孩传宗接代，所以和我母亲离婚了。同样是他的孩子却被差别对待，我长大以后回想起来还是很伤心。

因为母亲离婚后几乎一直在满洲工作，所以我被祖母和婶婶抚养长大到十二岁后才去了满洲"新京"长春，来到母亲的身边。小学毕业后，我被寄养在住"满铁"的公司宿舍的叔叔家里，直到女校毕业。十八岁到"满铁新京分公司（后来的总公司）"就职后，给一个叫繁留吉的部长做秘书。

婚后丈夫从军

昭和19年（1944年）12月，十九岁的我和同样在"满铁"工作的角信雄结婚了，他在防疫所工作，也是佐贺人。因为他将在第2年3月入伍，母亲认为嫁给这样的人我有可能跟她一样变成寡妇，生活会很辛苦，所以反对我们结婚。而信雄的母亲觉得他才二十岁，又认为在满洲的女人都是不正经的女人，也反对我们结婚。直到结婚前我心里还在纠结，但是信雄说服了我，他说："因为我在防疫所工作，所以去军队也还是会做医务工作，不会去第一线，也不会死，一定会回来，希望你能等我。"我们好不容易得到了父母的同意，在佐贺县桃川，信雄的老家宴请亲戚，办了婚礼。马上就要去满洲入伍的信雄当时被推荐去做候补干部，他拒绝了，最后被编入千叶的习智野战车队。

结婚后我依旧在"满铁"工作，因为轮船偶尔才会来，所以信雄的来信常常是几封一起收到。他每周必定会给我寄一次信，我也是不停地给他回信。信的内容几乎一样，都是"那之后境况如何"，"身体可好"之类的。

迟到的丈夫来信

联系中断一段时间后，我收到他的来信："我在习智野，你也回日本吧"。但那时轮船不能自由航行，我根本不能那么轻易地回去。战败前夕，我一下子收到了信雄寄来的三封信，信中先后写着"休假后我就去佐贺扫墓，你也过来吧"，"我每天都在翘首盼望着富士枝，可你终究没有来，假期这就结束了，不知道什么时候才能再有见面的机会"，"接下来也不知道军队会去到哪里，信也可能寄不出去了。"

8月10日左右，在通化的叔叔收到了征召令，他发电报给母亲说有事要商量，母亲便动身了。在新京火车站，我深夜里去送母亲，当时我不知道这竟是我与母亲在一起的最后时光了……

之后就到了日本战败。8月13日，"满铁"的事务所决定迁至通化，我也一起坐上总裁列车转移。到达通化的那一天，我们收听了天皇的玉音广播，但是我当时并不明白广播在说什么，只知道日本战败了。

就像描绘那个时代的电影里演的一样，也有挥舞着日本刀闹事的人。

战败国的国民

"满铁"计划全部撤走，总裁列车后面拉着十几节满载着食物和物资的货车。一到通化，就作为救济粮发给了从北边慌忙逃过来的日本兵。

当时要求我们从"新京"回国。然而可以直接回去的是总裁和干部，我们这些女人坐上满载着物资的列车先奔赴了疏散满铁家属的朝鲜，11月又坐货车回到了"新京"。在战后不久的混乱中辗转于中国和朝鲜，对于当时还是个年轻女孩儿的我来说是一场说不尽的苦难。

在朝鲜国境线上的安东火车站，那些作为"为国而战的光荣军队"曾经一直受到我们信赖的日本战败军人，一直纠缠着我们这些年轻的女孩子。甚至连很多共同经历了诸多苦难的人，终于都跟我们说"你们跟我们在一起，大家都会被你们连累的"，要把我们推下车。同样都是人，他们的心竟然能堕落到如此地步，让我觉得无比心痛。

去往通化的途中，列车在一个叫东丰的小镇上停留了很长时间，从没想过战争竟会结束的我感到很孤独，所以写下一封满是感伤的信寄了出去。没想到信竟然寄到了。母亲读完信后，从15日开始便处在躁动不安之中。她说道："富士枝死了，我活着也没意思了。"然后精神失常，心力衰竭，患了伤寒症去世了。

对此一无所知的我到达"新京"之后，在苏联管理下的满铁工作。渐渐地满铁中有些人回国了，工资也发不下来了。中华人民共和国成立前夕，"新京"闹饥荒，处于最困苦的时期。我们想回国，便结成百人左右的队伍去奉天（沈阳），因为到了那里就可以回国了。听说如果被查明是"满铁"的技术工人，就会被八路军征用并且一生都不能回国，我们便隐藏身份行动。

当了八路军的俘虏

去奉天是要经过八路军控制地区的。我们在国民党和八路军控制地区的边界等待时机，数日几乎没有进食的人们，在饥寒交迫中一个个死去。

我想如果我也要死的话，希望能在死前告诉一个认识我的人，我死在哪里，什么时候，以怎样的方式死去的？那时候简直处于炼狱之中。

因为大家都已经饿得难以忍受，就争先恐后地叫出："我是满铁的职员"，"我在医院里工作"，然后大部分都跟八路军走了。我们七八个女人因为什么技术也不会，所以被剩了下来。好不容易捱到了沈阳，可是那里已经被八路军解放了，我们成了俘虏。先到四平街，接着到德惠，跟国民党俘虏一起接受了劳动改造，在那里割草、喂猪，虽然有抵触情绪也还是坚持工作。因为表现良好，所以差不多一年之后被释放，释放之后我去了北京的国营直属公司做了杂役。

丈夫再婚，我留在中国

昭和25年（1950年），我和日本取得了联系。叔母告诉我说"日本的生活很艰难，你妈妈也在5年前去世了，现在谁都不在了，你留在中国或许会更好一些"。那个时候，我还收到消息，角在战争结束的时候从习志野平安复员，因为角的哥哥（长子）战死，留下了两个孩子，嫂子又回了娘家，因此角不得不领养两个孩子。因为不知道我是生是死，又不想让他哥哥的孩子没有父亲，所以角的父母三次起诉，到了第三年我的户籍被消除了，角也在两年前再婚了。

那段时间里，第一批、第二批日本人回国了。中国人劝我说，日本人应该回到日本去，所以一直留在中国的我决定坐第三批船回日本。公司把我们的财物换算成现金给了我们，就这样凑了路费。

在东京谋生

昭和 28 年（1953 年）5 月，我在天津出发，乘坐兴安号船回日本的时候，有人来确认我的姓名。因为我已经得知角已再婚的消息，就回答说自己的名字是副岛富士枝。想着今后终将被这样称呼，心里觉得有些迷茫。在战前，我登记的名字是角富士枝，因为战争的缘故我才被消除了户籍，所以我一开始装作什么都不知道，依然登记了角。

就在船快到日本之前，我们曾数度被要求登记户籍上的姓名，最后一次我终于填写了副岛富士枝。

一到了舞鹤，桃川的村官们就出来迎接，劝我不要再回佐贺。因为角本不想再婚，第一批，第二批人回到日本的时候，角都跑到舞鹤来接过，所以他的父母很担心要是他知道我回来了就糟了，所以拜托这些人来劝我。

我并没打算回佐贺，而是去了东京，住到了世田谷千岁鸟山的单身公寓。在先回国的人的帮助下，第二天我便开始在西神田东方学会的日中友好协会打工。一方面生活也算有了保障，另一方面在大家的鼓励下开始了愉快的工作。在日中国人大批回国也是从那时开始的。

在职场中再婚

昭和 29 年（1954 年）我和大井再婚。我们和同样是从中国回国的 5 组新人共同在宿舍举行了会费制结婚仪式。结婚后我们搬家到府中市新町的归国人员住宅。为了生活的保障，我们组建了互助会，共同努力。我也加入了日中友好协会府中支部。

之后丈夫成了东京土建丰岛支部的书记，我从旁协助并在昭和32 年（1957 年）开始以书记的身份工作。后来我丈夫改做测量工作，1981 年患急性病去世了。回到日本以后，在不断遭遇的挫折中，我也不断得以学习。为反对废止"日雇健保"③而抗争的 7 年间，我的思想再次成熟。我曾跟丈夫说："因为我俩都在东京土建做事，才得以坚持到现在，要是我们不在这里的话，不知现在会怎样呢。"是周围的朋友们，在我丈夫突然去世后给了我莫大的帮助。

女人说起来很坚强，但终究还是脆弱的，脆弱的我能活下去都是因为有了同伴们的鼓励。我想只要我活着，也应该去鼓励同伴，给他们以力量。所以不管是国际妇女节还是妇女集会上，有什么事情我都会站在前头，拿出勇气带着希望活下去，我想这是我唯一能对在这战后的 30 年里的同伴们所说的话了。

【注】

①本文原载于 1975 年 3 月 8 日《日中友好新闻》，日中友好协会编。

②大井富士枝：1924 年生。回国后积极从事中日友好活动。

③"日雇健康保险"的简称。"日雇"：每天雇用。

俘虏小山胜之助①

鹿地亘

　　在抗日战争最激烈的时期，我们在迁江（广西省）中国军队司令部遇到了一个日军俘虏。他是因为手臂与大腿被手榴弹炸伤而被俘的。我们一行进去的时候，他已经接受了军医的治疗，手臂绑了绷带挂在脖子上，坐在铺满稻草的床上，深埋着头，以至于无法向我们这边看一眼。询问他叫什么名字时，他才有气无力地告诉我们他叫小山胜之助。

　　反战同盟人员②纷纷说自己也是日本人并通报了姓名，还安慰他说，到了这里，就一点也不用再担心了。但是，他好不容易挤出来的一句话却是："我想死"。

　　"想死……嗯……谁开始都有这种想法，我们曾经也有过，不过，要振作起来，小山先生！"

　　"小山先生，你父母应该还健在吧？"

　　"算了，抽支烟歇一歇吧，如何，你自己有烟吗？"

　　大家纷纷开始和他搭讪。其中，一位同盟人员一边说，一边递给了他一支烟，并为他点着了火。关于这场战争，大家非常感慨：对日本来说，是非正义的侵略战争，又或是不幸的亡国战争，给两国人民带来了难以言喻的灾难，甚至于我们这群人是为了什么才来到这里都不知道等。不过，小山却仍旧垂着头，沉默不语地听着大家的讲话。但是，眼泪却一颗颗地落下来，抽着鼻子。

"可怜啊……。"

"你是一个人的时候被捕的吗？"

"不是，还有一个人。"

"噢，那个人怎么样了？"

"被留在前方了，现在什么情况我也不知道……"

带领我们到这里来的一位姓邓的参谋急忙说："他很快就会被送到我们这边来"。但是，后来一出门，邓参谋就压低嗓子告诉我们："那个俘虏由于伤势严重，在送往后方的途中已经咽气了。"

我们后来又继续问小山："你是步兵吗？哪个师团的？"

"六师团的。"

"喔！六师团的！那可是最辛苦的师团啊。从战争一开始就一直打在最前线。我们进入大场镇的时候，你们在北支……"

"是的！是的！"

可能同为士兵，容易相互沟通和理解，我们终于打开了小山的心门。后来我们了解到，他是岛根县人，当兵前是一家玻璃铺的手艺人，家里有父母和兄弟姐妹9人，他是老二，家里弟妹都还年幼。他谈着他家的情况，我们这边也能感觉到他很为家里失去了他这个劳动力而担忧。

之后他又讲述了一些他的参战经过。根据他的描述，我们知道他曾经属于板垣师团，该师团在平型关大战中，是让八路军感到非常难以对付的一支师团。这支师团为了应对这场战役，作为战役的先头部队进行了严格的训练。其后，又不断碾转于各个战斗激烈的战场，经过不断的人员补充，打完武汉战役到达青岛时，最开始的那部分战友已经所剩无几。本以为打了这么多战役可以回日本了，却不想他们又被送到了诺门罕。之后，被送到过宇品（位于广岛）时，他们想这一次肯定可以回家了，却又不曾想虽然见到了故乡的山山水水，却不允许登陆，人员物资补给完成之后，他们又被原封不动送到了中国南方。

听完他的讲述，反战同盟会员们深切感到战争的残酷，久久无法言语。过了一会，有一个人又问小山："苏联军队怎么样？厉害吗？"

"苏联军队很厉害。他们的坦克打死了我们很多士兵。"

"这次战役会如何？我们会打赢吗？"

"难说……"

我们一边聊着，眼前也浮现了当下昆仑关战场的情景。为了争夺制高点，双方军队不断地进行肉搏战，日军因为在山岳地区作战遇到了补给困难，所以，团长以下的官兵半数左右已经战死，日军陷入了苦战的这些场景历历在目。

我给了他一张名片，并鼓励他，在后方的医院痊愈后，一定要让他们把你立即送进"反战同盟"。但是，他对于我们的离开感到非常不安，哭着希望我们带他一起走。

我们告诉他："小山，不要说这种傻话。你得先把伤治好，我们已经和中国这边沟通好了，你不要担心，先退到后方疗伤吧。"

之后，大家为他四处买来了烟和鸡蛋等物品，一直目送他上了卡车。其后，我们也奔赴战场。

第一天晚上，我们借着月光，从山顶侦查了激战中的最前线地形。第二天晚上开始，我们在能俯视日军阵地 400 米的山顶放置扩音器，开始播放广播。由我先向对方阵地的日军喊话。我首先报上了反战同盟的名字，然后通过从小山那里听来的活生生的事实，讲述了这些士兵在出师无名的战争中，如何被日本军国主义者欺骗，如何以生命为代价，被迫接受了残酷的命运安排等。

【注】

①本文原载 1968 年 6 月 17 日《日中友好新闻》，日中友好协会编。

②反战同盟：该组织成立于 1939 年 11 月，由在华的日军俘虏转变立场后自发成立。组织的发展经历了"华北日本士兵觉醒联盟""在华日人反战同盟""日本人民解放联盟"等阶段。该组织的主要任务是对日军进行反战宣传。盟员最多时达一千多人，组织遍及敌后抗日战场。1945 年 9 月至 1946 年上半年，随着抗战胜利，联盟自行解散。

一个士兵癫狂的始末[①]

中西胜义

1940 年 3 月的某一天，在我们的军队驻扎地突然闯进来一个装扮奇特，之前从来没有见过这种打扮的士兵。

他头上戴着铁头盔，帆布包和水壶交叉挂在肩上，虽说看起来大体是日本人的身形，但是背上却背着中国兵用以防雨的蓑衣，腰上随便围着外套。

除了奇怪的装扮外，更让人觉得好笑的是，他还非常宝贝地携带着类似木枪（刺杀训练用的木制模拟枪）的棒子，并将之当作步枪。

"这家伙疯了。"抓住他的哨兵一边苦笑一边把他带进队长室。因为出现了一个奇怪的士兵，部队里的士兵纷纷跑了过来，用既可怜又羡慕的眼神注视着他。

"看起来好可怜，像胆小鬼一样。"

"这家伙是幸福的啦，我也想用这种方法让他们把我送回内地呢。"

"蠢呀，这才是部队里真正的疯子！"

实际上在军队中，有些士兵到底是真疯还是装疯，很多时候让人分辨不清。并不是所有士兵的性格都能够适应陆军那个疯狂的组织。

估计这位士兵虽然失去了感官功能，但还得接受严厉的训练和连续不断的惩罚，再加上持续不断的思乡情的驱使，使得身心疲惫，最后导致神经错乱的吧？

由于军队生涯和战争，这位二十来岁的青年成为了牺牲品。事到如今，这位疯子士兵的一生也等于完了。

我们尝试了很多种办法来询问这位疯子士兵，但他只是傻傻地笑，我们什么情况也问不出。

当然，他不是行使沉默权，失去了灵魂的他早已忘却了现实世界，丧失了追寻记忆的能力。

"可怜的家伙，但是不得不说他运气真好啊。"队长说道。事实上我也很惊奇。不是惊奇于他荒唐无稽的姿态，而是惊奇于他在中国军队占领区，居然能单独行动，而且还能生还下来，不得不让人感到不可思议。这得有多好的运气才能发生这样的情况呀！

这位精神失常的士兵是相临部队的教育兵，大约一个月之前的一次战斗中，这个人在阵前逃跑了，从此以后就杳无消息。我所在的部队也组织了搜寻队来寻找这位有点精神失常的逃兵，但始终没有找到。

我们为了确认村落外面的新坟墓是否是埋了他的尸体，还挖开过这座坟墓查看。最后，我们断定他是被中国军或者是民众残忍杀害了。

当时我隶属的部队所承担的任务是警戒连接南京至上海的铁路，确保沿线的安全。但是，即使是保护村（旧日本军保护的村落），若不小心进去了也会有危险，更何况周围有国民党中央军旁系的正规军，还有游击队。游击队神出鬼没，给我们守卫部队带来了很多威胁。

在这种治安情况非常混乱的"敌对地区"，这位精神失常的士兵竟然能一个人在这个地区游荡大约五周，中方并没有给他施加任何危害（当然，卸掉了他的兵器、披甲、防毒面具以及子弹），反而照顾了他。

他们给他身上披上了防雨的蓑衣，给他的帆布包里塞满了应该是早上做好的馒头，水壶里也装满了热水，甚至还给他特意制作了一把仿制枪让他带着，估计多半是他的兵器被没收的时候，他没有进行反抗吧。看样子，给他仿制枪，可能是让他在受到威胁的时候，也可以装模作样地用仿制枪进行反击。

从他的衣服的脏乱程度来看，可以说没有一处不是破乱不堪的。感觉这一天，是有人特意把他引到我们防守地区的附近，可能他们是担心若对他放置不管，他会无边无际地走下去，不知会发生什么情况。

情况到底是怎么样已经无关紧要了，我感动于一个生命在现实中能实实在在地活下来。在这位疯子士兵流浪的期间，估计他接触了数十甚至数百名陌生的当地居民，当然也被交给过新四军吧。

1937 年数十万人被残忍杀害的所在地——南京城，就离我们的驻地不超过 100 公里。没有哪个中国人不知道南京大屠杀事件。但是，通过这个疯子士兵的生存经历，我看到了中国人民向我们展现的巨大的仁爱精神，我的心境无以言表，非常复杂。

【注】

①本文原载 1974 年 8 月 10 日《日中友好新闻》，日中友好协会编。

冤魂的火球

田中敏之[①]

这已经是 31 年前的事了。战后的第二年，也就是 1947 年（昭和 22 年）6 月，我住在"满洲"的牡丹江。这是因为去年夏天我在哈尔滨避难的时候，应中国人民解放军的要求，作为医务工作者留了下来。

在外打仗失败，可是一样非常悲惨的事情。

留在中国的日本人在乡村过着集体避难的日子。生活环境不卫生，食物营养不足，当然就更别提医疗条件了，在这样恶劣的环境下，先是孩子，接着是大人，一个一个接连死去。不到一周的时间，一对来自九州的夫妇的三个女儿相继去世，他们痛苦的样子我至今记忆犹新。

若是埋葬死去的亲人，秋天的时候还能够把土挖开，可是如果在零下十几度的冬天，根本就挖不动已经结冰的大地进行土葬，只能用席子卷着裸露的尸体，直接放在野外。不久便会成为野狗、乌鸦的食物。

之所以死去的人身体裸露，是因为那穿在尸体上的衣服都被活着的人扒走了，这才是最悲惨的。

我在牡丹江住的地方是战前官员住的红砖房，那里在日苏战争期间，由于苏军轰炸，掠夺，早已变成一片杂草丛生的荒地。

路的尽头还残留着一栋平顶的细长的建筑，以前是朝鲜人的学校，但并没有因此而免于战火，这栋建筑是战时的医院，我就住在那里。

那天，雨下了一整天，就像日本进入梅雨季节一样。大概是晚上9点，因为下着雨，再加上厕所比较远，所以我就沿着侧门的屋檐去厕所解手。

在前面3米远的地方一团青色的火团突然燃烧起来，形状像直径大概30厘米的圆勺子。

我呆呆地站在那儿，那团火渐渐向我靠近，突然又改变了方向，飞到我头顶上的房檐上"嗖"地一下消失了。

在这惊心动魄的一瞬之后，周围安静得像什么都没发生过一样，雨也还在淅沥沥地下着。

那团火只不过是科学上的一种化学变化，但在我看来，这是在诉说对战争的愤怒、悲伤、怨恨，我称之为"冤魂之火"。

即使是在三十多年过后的今天，每次看到中国内地的战后遗孤寻找自己故乡的报道，我都会情不自禁地想起那团鬼火，它会清晰地浮现在我的眼前。

【注】

①本文原载 1976 年 8 月 7 日《日中友好新闻》，日中友好协会编。

中国人的抵抗①

——日记摘要

冈木三郎

打倒了又站起来……

1944 年 10 月 20 日（星期二）

为了乘坐去包头的火车，我傍晚五点到了张家口车站。检票口处十分混杂。站务员告诉大家"排成一队站好"，但是等车的人还是一起涌到了检票口。我看着站务员推搡的人群好像要排成了一队了，随后又乱了。

在拥挤的人群里有个看上去三十几岁的工人模样的人，站务员看到了他在拥挤，把他从人群里拽到了没人的地方，上去就是一拳打在了他的脸上，打得他一下子向后仰去，帽子也飞了。在我正惊讶的时候，只见他慢慢爬起来，憨笑着拍拍身上的土，捡起帽子，又快步来到检票口，径直插到前面第四五个人的中间。结果人们又开始拥挤，检票口前又开始混乱起来。

站务员大怒，一边召唤着人们站队，一边又挤到那个人跟前把他拽了出来，上去又是一拳。那个人又被打倒，随后他又慢慢爬起来，还是憨笑着挤进了等车的人群。随后，站务员又将这个顽固的家伙拽了出来，第三次对着他的脸又是一拳。这次他的嘴角流血了，倒在地上，爬起来时明显有些困难了。

这时从北京开来的列车进站了，站务员再也无法维持秩序，等车的人群一起拥到了狭窄的检票口。我注意到那个人已经随着前面的两三个人跑到站台上了，根本不像被人打过的样子。

我最后挤上了站台，充满好奇地想象着那个人已经抢到最好的座位了吧？我从最后的车厢开始寻找，在倒数第二节车厢的车门口发现了他，我问他为什么坐在这里？他收起了憨厚笑容："日本人的火车不知道什么时候会被炸翻，一旦出事这里是最安全的"。说完他又笑了，我一下子明白了，但是不知道说什么才好。

这件事对我是一次很大的冲击，这个中国人可以不听管理人的命令，不管怎样被打骂仍然是一如既往。他上车后选择了坐在车门口，实际上应该说他是中国人袭击列车的同伙。看得出他在心里嘲笑着日本，这种抵抗精神不正是支撑着中国的原动力吗？

拒绝日本人坐人力车

1944 年 11 月 12 日（星期日）

在西散堡（从张家口向多伦方向的中间地带的村落名）的农家，早上 10 点坐货车从宝源出发，午后 2 点左右车出了毛病，随后又坚持跑了 2 个小时，到了 4 点左右车子不动了。从宝源到高山堡的路上，一周前日本人遭到过袭击，西散堡附近也常常发生类似事件。

我们一行有 5 个日本人和几个中国人，日本人都很紧张。我们来到附近有三十多间房子的村子，向村长借宿，村长当时就拒绝了，要我们赶紧出去。到了另一家好说歹说，并告诉他们车子修好就走，这才算住下了，但是村子里的人都提防着我们，没人主动跟我们说话。同行的一个住在多伦的日本人大耍威风，要村长拿酒来，炖鸡吃，做大米饭，村长答应之后就不见了。村子里更显得冷清。我来到同行的中国人堆里，试着和村里人接近，但是仍然没人理我，感觉十分可怜。住在多伦的日本人对我的行动开始不满，但是我不想和这些人在一起，不仅是因为被中国人看不起，更是为作为日本人感到可耻。当知道了车子不能修好后，村民答应我们在这里借住一晚。（中略）

同年 11 月 13 日（星期一），在右翼旗

8 点起床，村里的人仍然没有人搭理我们。

三点前，车修好了，离开了西散堡，这时村长夫人悄悄递给我一个报纸包的东西，其他人都默默地看着。（中略）在车里打开一看，原来是个馒头，我的心里一下子有股热流涌上来，虽然只有一天的时间，我开始怀念村子里的人了。

同年 11 月 16 日（星期一），在大同。

午后 1 点到了大同火车站，我们打算招呼洋车去九楼巷，但是没有一个车夫停下来拉我们，他们或者背过脸去装作没看见，还有的挥挥手拉着车跑开。等了二三十分钟，看到车站附近领事馆旁边有个警察局，里边出来的警察过来告诉我们，这里的车很难打，我们问原因，他答："因为日本人坐车不给钱，或者少给钱，甚至打骂车夫，所以车夫们都不愿意拉日本人，警察也是没办法管不过来。"他无奈地摇摇头。

没办法，我只好朝着一条布满灰土的小路走去，路上一个和我一

样的日本人时不时挨着我，跟我并排走着，我没有心情搭理他。看他
那样子，剃着秃头，穿着脏兮兮的"国民服"②，还扎着绑腿，一副
不知羞耻的样子，让我心里十分不痛快。对面又出现一个穿着西服，
留着长发的日本人，不知从哪儿来的，摆出一副"非国民"③的混蛋
表情斜眼瞪着我，我们之间产生了明显的对立情绪。啊！真无聊！

【注】

　①本文原载 1977 年 7 月 31 日，8 月 21 日《日中友好新闻》，日中友好
协会编。

　②"国民服"：1940 年，日本政府在第二次世界大战中规定制作的国民
服装。

　③是日本在第二次世界大战时对那些背叛国家，反对战争的日本国民的
称呼。

神户奴役中国劳工事件[①]

戎井隆寿[②]

在宪兵的监视下

中国战俘被强行带到神户港奴役的事情发生在 1943 年（昭和 18 年）的年末。

根据军队的命令，我所经营的旅馆被征收为收容所。我的旅馆是一栋木造的三层建筑，大概有五十多个房间。军队的命令刚刚下达，旅馆所有房间的隔扇、榻榻米什么的都很快被拆掉了。他们虽然在地上铺上了草席，但是整个旅馆的房间还是空荡荡的，什么都没有。紧接着就有大约三百多个中国俘虏在宪兵队的监视下住了进来。

那些中国人所受到的待遇简直就是惨不忍睹，特别是他们的饮食。当然，因为当时已经是快要到"十五年战争"[③]的末期了，日本人的生活也不是很好过。

所以这些日本监视人员就从中国人的饮食中扣下一部分自己吃。这些中国人总是被他们虐待，每天都是食不果腹，脸色发青泛白，走路摇摇晃晃。

他们睡觉没有被子，只能在草席上穿着衣服睡，好一点的就是盖着一个草席。白天是高强度的苦力劳动，再加上没有充足的睡眠恢复体力，所以很多人一天天地衰弱下去，甚至有病了还要被带到港口干活。不少人衰弱得到了早上干活的时间却爬不起来。

一些人因为生病被折磨至死。那些监视的人毫无人性，动辄就对劳工一顿毒打。一些得病的中国人只能在同伴的搀扶下到港口干活。得病的人一天天增多。

卫生条件也极差，因为不能洗澡，周围的环境污浊不堪，令人窒息。

一些中国人因为忍受不了饥饿，跑到我家的厨房偷吃东西，我的母亲和妻子觉得他们实在太可怜，也就假装不知道，有时还会做一些饭团，放在外面的灶台上等他们来拿。

空袭时的救助

有一天，我刚好把饭团往外面拿的时候被一个中国人看见了，那个人对我说"谢谢"，然后又低头向我致谢。

这些中国俘虏不会一个人独吞那些饭团。当我看见他们一起分着吃那些饭团，吃得很香的时候，内心常常被他们的同胞之情所感染。

1944 年（昭和 19 年），神户遭到大空袭，从三宫到元町通一带都成了火海。我的住所也很快被着烧了，情况紧急，街道上的人们都去避难了，这时候是不会有人来帮我救火的。

那些监视中国俘虏的日本人也不知道跑到哪里去了，影子都看不到了。就在那些中国俘虏也准备要去避难的时候，我恳求他们帮助我灭火。他们中间的一个会说日语，好像还是队长的人明白了我的意思，他对我说："你放心，我们一定帮你。"然后就指挥大家灭火，阻止了大火的蔓延。

这次空袭之后，我和我的家人被疏散到了明石，那些中国俘虏也被迁移到了海岸通。

坚信两国的和平与繁荣

8月15日，日本战败，我们也从疏散地回到了原来的街道，可是街道整天都处在骚乱之中，每天都是提心吊胆地过日子。

有一天，以前那个中国俘虏队长突然穿着一身军装来到我的家里，很亲切地对我说："一直以来受到您的关照，如果您今后有什么困难请放心找我们，我们一定会帮助您。"

就在我因为日本军国主义的罪行反复跟他道歉的时候，他对我说："那并不是您的错。中日两国人民今后要睦相处，共同繁荣。"

之后不久，就听说他们从神户港出发回国了。

1951年（昭和26年），在我的那个曾经作为收容所的旅馆里，召开了日中友好协会神户支部准备大会，我作为这个支部的一员参加了会议。之所以会走上开展日中友好活动这条路，当年的那个中国俘虏队长的话，成了我一生要追求的信念。

【注】

①本文原载1976年7月10日《日中友好新闻》，日中友好协会编。1942年（昭和17年）11月27日，东条英机内阁在阁内决定通过了《向日本本土输入华人劳动力的相关决定》。从1942年7月开始到1945年的这一段时间里，被强行押到日本的中国人数高达38939人。他们被分配到日本国

内的 135 所煤矿、金属矿山、军事设施建设工地和运输港湾。非人的生活条件和高强度体力劳动，导致了多达 6834 名中国人死亡。（数据引自日中友好协会编《证言：奴役中国劳工事件》2003 年 2 月第 2 次印刷）

这其中大约有 300 名中国人被带到神户港被迫参加苦役。

②戎井隆寿旅馆的旧址在神户市生田区北长狭通七丁目戎井旅馆

③"十五年战争"，指日本侵华战争。

我的遭遇，亲身感受八路军[①]

山田寿子[②]

昭和初期（昭和时期始于 1926 年），日本社会战云密布，军国主义猖獗。我嫁给了当时加藤莞尔满蒙开拓义勇军里的干部山田隆，昭和 11 年（1936 年）随着第八次满蒙开拓团来到了中国东北牡丹江附近的兰岗。

当时的所谓"满洲开拓"就是日本人到了中国人的村落，说"从这里开始我能看到的地方，都买了"然后付给很少的钱，像白拿一样将中国农民的耕地占为己有。森林成为满洲的国有林，驱使中国农民苦力采伐。丈夫山田曾一度失踪，我不得不回国，后来又随着第九次"站马开拓团"来到了满洲。

当地中国人和朝鲜人的状况更为悲惨，他们受着日本人的剥削和压榨。在这种情况下，我和丈夫山田常常悄悄地将食物或者布料送给当地的中国人。

不久迎来了战争结束，平时看上去了不起的大人物都跑了。我在田地里藏了起来，被人发现后，对方用日语把我叫了出来。开拓团的人都被抓了起来，带到了村里。武装人员对我说："你平时对我们很好，不用担心。"回村子的途中有个日本人闹事被射杀了。之后日本人又被集中到石咀子，不久便迎来了满洲寒冷的冬季。我被安排到和中国人一起干活，中国人已经把我当朋友看了。

不久，国民党军来了，他们让处在通货膨胀下的百姓的生活更加艰难。国民党的军队里当兵的薪水是 3000 元，将校是 8000 元。八路军当兵的是 35 元，将校是 40 元。国民党军队随便抢夺居民的财物，甚至强奸妇女。日本人不得不宽慰自己："我们也曾经这样干过。"

相反，八路军来了之后，送给日本人大米，从大财主的仓库里分东西给居民。他们很尊重有一技之长的日本人，甚至让他们当教师。就这样，日本人一开始还讨厌穿着不整的八路军，渐渐地感到他们才是一支优秀的军队。

那年夏天面临着回国的问题，我们被叫到吉林集合。当时流行伤寒病，人们一个个倒下去死了，我的孩子也得了水痘，在回国前的磐石车站，已经奄奄一息了。这时候没有大夫，没有人能帮忙，眼看着孩子渐渐没气了。简单埋葬之后，我们在雨中登上了敞篷车向金州出发，再到日本的古路岛，总算回到了日本。

每当想起战争中的那些情景我就忍不住要说："侵略战争的丑恶，要让下一代知道。绝不能让战争重演……"

【注】

①本文原载 1970 年 7 月 1 日《日中友好新闻》，日中友好协会编。

②山田寿子：山田寿子于昭和 22 年（1947 年）回国，在群马县积极从事日中有好活动。

救起溺水的女孩儿[①]

伊藤正

　　昭和18年（1943年），在太平洋战争最惨烈的时候，十八岁的我作为自愿兵入伍了，之后被分配到千叶县津田沼铁道七十八连队，接受训练后来到了满洲。作为不带枪的铁道兵往返于哈尔滨、济南之间，在战败之前到了离济南30公里的王字庄满铁沿线的警备队。那个警备队是由一个伍长做班长的15人构成的单位，我是两个星的一等兵。

　　这是昭和20年（1945年）5月发生的事，离战败还有3个月的时间。和往常一样，当列车到站的时候，当地的百姓便带着花生、煮鸡蛋、馒头等，利用列车停靠站10分钟的时间卖东西。

　　那天我作为哨兵正在值勤，像往常一样看着车站嘈杂的景象。突然听到人群里有人大声叫喊，我立刻感到是车站附近的水沟里发生了什么事儿。在宽有3米，深有2米的水沟旁，一个三岁的女孩儿因为追赶卖东西的妈妈掉到了水里。人们"啊""啊"地叫喊着，但是没有人敢下去救孩子，母亲发狂地呼叫着。看到这情景，我扔掉了枪，没有脱军服就跳了下去，当我把孩子救上来的时候，孩子已经昏迷过去了。我当时完全忘了"军服是天皇陛下恩赐的，要用生命守护"的军人的训诫。

听到此事的班长跑来了，他拼命地对我吼道："你把天皇陛下给你的武器扔掉，把衣服弄脏，你知道你在干什么吗？"

在众人的面前他死命地搧了我几十个嘴巴。我的脸颊不知不觉地肿了起来。但是我感到我救了一个生命，被打得火辣辣的嘴巴也不感觉疼了。

8月15日战败那天，对日本军国主义的杀光、烧光、抢光政策愤怒至极的中国民众从各地开始了暴动。有情报说这里或那里的警备队被中国民众全歼了，

明天就轮到"王字庄"了，我连一发子弹也没有打过，如果遇到袭击，我们15人的小队伍，只有等死的份了。

但是熬过了8月15日的深夜，到了8月16日也没有遇到袭击。沿线的几乎所有警备队都遭到了袭击，而且几乎全被歼灭了，我们百思不得其解。

到了17日，意想不到的事情发生了。没有带武器的村子里的几个代表，面对着紧张的我们说："伊藤正在吗？"我感到很奇怪地走过去。只见他们连声说："谢谢！谢谢！"完全没有敌意。他们接着说"您救了我们的孩子，是孩子的恩人，我们代表村里来感谢您。也因为这样，你们的车站警备队没有遭到袭击。"他们同时还邀请我到村子里去参加招待会。

王字庄车站警备队从死亡的边缘一下子转好了，班长和所有人都放了心。那天晚上我和一个要好的朋友（他是茨城县出身的一等兵）一起到了村子里，参加了抗日战争胜利大会。在酒桌上，村里的人满怀好意地对我说，在我们村里选个姑娘留下来吧。

18日，班长带着所有的人撤退到济南，此后我经过千辛万苦终于回到了日本。

此事已经过三十多年了，我常想，那个女孩儿一定健康地长大了吧，或者已经成为几个孩子的母亲了吧？

为此，我要对因为战争而惨死的无数的中国民众，对那些被驱赶到军营，做无谓牺牲的同伴深切哀悼，并誓言中日两国人民决不再战。

【注】

①本文原载 1975 年 8 月 23 日《日中友好新闻》，日中友好协会编。

痛悔侵略——今生绝不再盲从[①]

富冈平八郎[②]

做尽杂务

昭和 15 年（1940 年），我二十岁时被征兵入伍，之后便开赴中国青岛。坐在运送船上离开日本的时候，我还非常乐观，坚信自己肯定会回来。但是对于为什么要去参战却从来没想过，一个单纯的想法是："因为被征召了，所以我就来了"。从我当时仅有二十岁的年纪来看，也只能那样想了。

我的家里很穷，小学一毕业就到机械制造厂干活了。工厂里人与人之间是专横的师徒关系。最小的要从早上七点干到晚上九点，还要干那些清扫、洗刷等一切杂务，被师傅打骂是常有的事，每月两次的休息也要干活，只能领到一点零花钱，和白干差不多。也没人教我们技术，无论谁都不能有任何反抗或者顶嘴。在这样的环境下，人的思想都已经僵化了。这时，我因为年轻被征兵进了军队，开始了盲从于日本军国主义的侵略战争。

以活人代替稻草人练习刺杀

在青岛接受教育的第一周就是杀人训练。那些情景至今还活生生地浮现在眼前。代替刺杀稻草人训练的其实是将几十个被俘的八路军战士绑在柱子上，让新兵做刺杀训练。正在我埋头刺向八路军俘虏的一瞬间。对方和我都不约而同地转过脸去，那天晚上我因害怕和恶心，一夜未眠。

此后又去了黄县，一个中士又把我和一个新兵叫到跟前问："你们杀过人吗？"为了显示他的训练成果，"以后你们要杀人的！好好看着！"说着便用刺刀刺向一个被反绑着双手的中国人。

把中国人当虫子一样看待，杀死不足惜的观念被深深地灌输到我们脑子里了。其实我们在军队里十分猥琐，一旦离开军队看到中国人就变得非常残暴，为了发泄自己的压抑，什么都敢干，烧杀抢掠无所不为，现在想起来真是伤天害理呀！

在解放后的中国

战争结束了，我们被押送到苏联，在那里的工厂干了3年。在那里感受到的是社会主义制度的好处，在那里的经历是我思想转变的第一步。昭和25年（1950年）我们被转到中国的抚顺收容所，又待了6年。在抚顺收容所主要是学习和劳动，在收容所管理人员的管教之下，我开始一点点地反省战争罪行。最为痛苦的是开展认罪活动。在收容所里被关押的战犯们自主地发起了学习活动，实际是反省侵略战争活动。对中国人民犯下了种种罪行，要向被害者直接坦白，内心斗争是十分激烈的。如果把真实的罪行坦白出来，中国人民会饶恕我们吗？所以很多人都有顾虑，我冥思苦想终于明白了，"这些罪行也是被害者非常重视的"，所以必须首先向中国人民道歉，把自己的战争罪行全部说出来。

站在日本人民的立场

互相反省战争罪行的活动持续了有半年，这个活动是我们反省军国主义思想，反省战争中所犯下的种种罪行的开始。我们由此开始了新的人生，又重新看到了光明的前途，对于什么是善，什么是恶，从此有了自己的判断标准。

如何以自己的微薄之力回报中国人的教育之恩，是我时常思考的问题，为此，首先要使日本不要再次走上侵略战争的道路，再有就是要站在日本人民的立场上，积极参加和平运动。

回国之后我立即加入了日中友好协会，开始了和平友好活动，决心今后决不再盲从……

【注】

①本文原载 1968 年 7 月 1 日《日中友好新闻》，日中友好协会编。

②富冈平八郎：回日本后参加了"日中友好协会"，是埼玉县草加支部会员。

在鹤岗煤矿的七年[①]

山崎竹男[②]

我们到了中国东北地区鹤岗的时候，已经是昭和 21 年（1946年）9 月了，我十九岁，在嫩江电报电话局迎来了战争结束。在战败后差不多一年的时间里，我以俘虏和避难者的身份在黑河、北安、泰安等地区流浪。最后来到黑龙江鹤岗煤矿时，随身携带的只有一套衣服，左脚是黑色右脚是白色的帆布鞋，还有两张草席。

到井下采煤

最前面的人手中拿着马灯，我跟在后面高一脚低一脚走着，生平第一次见到地底煤炭开采现场，心中充满了恐惧。

因为营养失调，干活时，我的身体总是摇摇晃晃。到了休息的时间，我马上累得四肢放开躺在地上。

这时，中国同伴过来对我说："同志，要休息去角落休息！这里危险，最容易掉煤炭石。"

当时中国煤炭开采沿袭了日本的开采方式。他们不重视资源，为了低成本、快速而大量地开采煤炭，采取了掠夺性的崩塌方式（将开采现场尽可能地扩大，利用重力在煤矿顶部松动的地方安装炸药，使大量的煤炭掉落）。正因为如此，煤矿的开采现场成为了最危险的地方。

已经疲惫至极的我说："随它去吧，爱怎样怎样"。我一边自暴自弃，一边同时也想，不久前我还是一个侵略者，统治者中的一个无名小卒，而如今自己作为战败国的国民，为什么他们还会这样关心我呢？

后来我才明白，原来中国共产党在煤矿工人当中也深入宣传了他们的政策观点："侵略中国、奴役中国的是日本帝国主义者、日本的大财阀，而日本劳动人民是中国人的兄弟姐妹"。

煤炭开采的确很辛苦，它不仅是一项任何时候都不可大意的危险工作，同时也是无时无刻不得不拼尽全力的体力劳动。一位苏联的学者曾说过："对于从事煤炭开采工作 10 年以上的人，应该给他们颁发一枚列宁勋章"。煤炭开采工作真的是一项很残酷的工作。

脚趾被切断

进入煤矿工作正好一年的时候，我被矿车碾压失去了右脚的两个脚指头。对于二十岁的我来说，深感孤独的同时，也特别想回到日本家乡。

在这时，因为我不能下床走路，同一个病房的中国人就经常给我打饭，陪我说话，唱歌给我听，一直安慰我鼓励我。对于由于日本的侵略战争而背井离乡，父母双亡，兄弟别离的他们来讲，给予我的这种安慰与鼓励，也是对他们自身的鼓励和安慰吧。

在 1946 年到 1952 年这 7 年的时间里，我们一直在鹤岗煤矿工作。也正是在这段期间，中国共产党和国民党开展了激烈的解放战争，鹤岗基地成为八路军（后来的中国人民解放军）的后方基地，同时也是战斗的最前线。

因为日本侵略者的掠夺，煤矿的生产设备不足，国民日常生活方面也物资匮乏，这段时期的生活相当艰苦。

自制短布袜

在鹤岗的这段时间，我一边工作一边学习。也是在这段时间我明白了一个道理：中国人民奋斗的事业和日本人民奋斗的事业是一样的，是相同的事业。中国人民奋斗的事业是推翻外来压迫和统治，解放全中国、建设新中国。日本人民奋斗的事业是从美国占领下实现日本的独立，建设民主日本。

在中国劳动的这段时间里，没有中国人和日本人的区别，没有战胜国和战败国国民之间的区别，大家都是根据自己的能力工作，根据工作获取相应的报酬和待遇。

中国人民温暖的关心和当时中国共产党的正确政策，使我终于从战败的打击中重新站了起来。明白了煤矿工作的意义之后，充分发挥了我在技术开发和知识方面的优势，制作了煤矿工作中必不可少的短布袜，也用钢铁制作了鹤嘴镐和钻头，用抽水泵抽出地下水，用尽量少的炸药尽可能多地开采煤炭等。总之，我感到我和中国人民已经融为一体了。

在我们当中涌现出了很多的劳动英雄，同时，在不熟悉的危险的环境中也有很多人也献出了生命。

怀念朋友们

　　直到现在，每当回想起在中国鹤岗煤矿工作的那段日子，我都会情不自禁地想起那些中国朋友，想起那些怀着对家人的思念，长眠于鹤岗的朋友们。

【注】

　　①本文原载 1975 年 5 月 3 日《日中友好新闻》，日中友好协会编。

　　②山崎竹男：撰文时任日本全国工商团体联合会事务局副局长。

侵略中国的战争与父亲[①]

本田满

  1940 年（昭和 15 年）的一个皮肤都要烧焦的炎热的夏日，在苏联与"满洲国"的国境交界处的朝鲜咸镜北道南阳的这一边，几个宪兵强行闯入了以做贸易为生的我家的书斋，没收了我父亲大量的书籍，几乎将与马克思主义和列宁思想有关的书籍一扫而空。我那刚强的母亲一边应对这些宪兵一边迅速地藏了好几本书。

  在桦太（即库页岛）做新闻记者的父亲，因为与女演员冈田嘉子偷渡苏联的事件有些关系，所以，来到朝鲜后一方面做着贸易，另一方面也与所谓的"大陆浪人"打得火热。也正因为这样，我当时虽然还只是一个小学生，就知道了金日成和毛泽东的名字。被宪兵严刑拷打，再加上身处异国他乡还携家带口，估计我父亲没能承受住拷打，所以，没过多久，父亲就把家里的生意都让母亲来打理，自己做了满洲燃料公司的办事处处长，来来回回地于北满洲和东满洲接近苏联边境的地方工作。

  对于父亲这段黑暗时期的事情，我也没有勇气详细询问。1945年 8 月 9 日，在只要登上山顶就能看到苏联街道的会宁山深处，和中国的劳工们一起干活的父亲。从日本军那里接到了"苏联即将进攻，赶快下山"的密报，父亲一路躲避苏联战斗机的轰炸，终于跌跌撞撞地回到了家。不知道父亲为什么没有选择南下到朝鲜而选择了在满洲避难，估计是考虑到即使遇到了最差的结果也可以同化成中国人吧。

8月18日，我们在豆满江（即图们江）对面的城镇延吉省图们市避难时，得知了日本战败的消息。17日早晨开始，郊外发生了激烈的战斗，傍晚时分，街道被苏军占领。在我们常年居住的图们江对面的南阳郊外，有很多的日本兵自杀。

士兵们围坐成圆型阵形，将地雷放在中间然后引爆。有叫着"妈妈"或者"爸爸"死去的，也有呻吟着直到发不出声音而死去的，令人不可思议的是，没有一个人叫"天皇陛下万岁"的。从19日到20日，我们多多少少接收到了一些关于日本无条件投降的详细信息。与此同时，也传来了"战犯日本天皇健在"的消息，没想到父亲会大叫："只要天皇陛下还活着，我们也不能去死。"后来，八路军接替了苏联军队，父亲为八路军做翻译，同时做协助做搜缴鸦片的工作。我一直忘不了那时候父亲那充满活力的表情。1946年，我们回到了日本。就在临近回国的时候，父亲被告密说是日本帝国主义的间谍，于是被公安部逮捕。父亲回到日本是在我们回国的三个月后，父亲到底是带着怎么样的想法回国的不得而知。父亲于1977年的2月去世了，在这世界上，又消失了一个日本侵略中国的证人。

【注】

①本文原载1978年8月20日《日中友好新闻》，日中友好协会编。

我参加了八路军[①]

佐藤猛夫[②]

正当我离开学校开始从医生涯的时候，突然接到了一纸军令被征召为军医，驻屯在中国华北。但是，一个月不到的时间，由于共产党八路军的奇袭，我方队员被全歼，我身负重伤成为俘虏，那是1939年的8月。

想象不到的是他们没有杀我，我成了"自由的俘虏"，每天尾随在游击队后面，在华北的山中到处打游击。

我偷偷地研究地形、地图，寻找机会逃跑。决意回到日本军队后，先报告前后的经过，然后就自杀。为此，我一直在兜里暗藏着一个小凶器，就这样过去了一年半。

1940年冬天，我罹患重病几近要死。在身体逐渐恢复的日子里，有一天我突然想明白了一个问题，理解了侵略战争的本质，毅然参加了在华日本人反战同盟。我觉得这完全是共产党八路军的无产阶级国际主义精神，和他们亲切、不屈不挠的努力对我影响的结果。

此后数年，我一直在山西省八路军的野战医院工作。为战士治病，或者接受学习指导。期间结交了很多难忘的朋友，同时也对山西省的山水草木充满了感情。无论是醒悟之前的苦恼，还是开始了新的人生，山西省都永远是我的第二个故乡。

1960 年接到中国医学会的邀请有机会访问了中国，当时我心生感慨，希望能到山西旧地看看，老朋友知道后极力为我斡旋。但是当时正值日本国内反对日美安保运动的高潮，我们访华团也参加了在北京、上海、武汉的中国人民支援日本人民反对安保的斗争，失去了访问山西的机会。

战时在山西省的数年间，充满无产阶级国际主义精神的中国朋友曾反复跟我说："将来回国后可以在日本共产党的领导下为解放日本人民而工作。"

在战争结束后即将回国的时候，我们到了延安干部的办公室，办公室干部问我："回到日本后先要做什么工作呀？"我的前半生没有参与阶级斗争、人民解放运动的经验，回去做什么一时还想不好。于是我回答说："回去后先做一番调查研究。"我想起中国共产党常说的"没有调查研究就没有发言权"的话。听了我的回答，那位干部一下子笑了，握住我的手说："说得好"！

30 年前侵略中国，把我们驱赶到战场的日本军国主义又在蠢蠢欲动。我的眼前又浮现出我所热爱的中国的山川和人民。绝不能再让日本人民走上那条军国主义道路。所以我想，使日本人民团结起来，强化民族民主统一战线是我们唯一的道路。为了日本的独立、和平、中立，要坚决反对日美安保条约，反对日本军国主义复活。我坚信，只有这样才能有真正的日中友好，这也是我们恢复日中邦交后所要努力的方向。

【注】

① 本文原载 1968 年 8 月 5 日《日中友好新闻》，日中友好协会编。

②佐藤猛夫：1910 年出生。1938 年 5 月应征入伍，次年 5 月被派到中国。1939 年 8 月被俘，后加入日本反战组织，加入中国共产党。先后担任八路军第 129 师卫生部野战医院内科主任，八路军野战医院副院长和卫生学校讲师。1946 年 1 月回国，2 月加入日本共产党，后担任日本共产党中央顾问。著有回忆录《幸运的人》。

日本人八路军（对谈）

古山秀男　中小路静夫 [①]

作为侵略先锋来到中国

古山：中小路先生当年一直在延安活动，是什么原因让您去了延安呢？

中小路：那是日本侵华战争开始的 1937 年（昭和 12 年）8 月，我作为一个士兵被派到中国，1940 年 10 月在前线成了俘虏。过了十天左右，敌工部的人问我是否愿意去延安？我问到那里干什么？他说主要是学习，我说："那样的话就去"。

古山：此后你就一直在延安生活了吗？

中小路：是的，一直到 1945 年 9 月。

古山：这么说我去中国的时候，您正在延安开展反战活动呢吧？我是 1944 年 3 月参加了"满蒙开拓青年义勇军"去的中国，那是一个培养侵略中国的先锋队组织，9 月到了哈尔滨。因为当时所受到的军国主义教育，就想参加海军部队或者少年航空部队，但是因为个子小，没能如愿，于是便参加了"满蒙开拓青年义勇军"。现在想起来，日本在进行军国主义教育的同时，把很多青年送到了"满洲"。

当时，我和岐阜县的 232 个人一起到了茨城县的河合田分所，一个月后进了培养干部的学校。在国内经受严酷的训练后，9 月到了哈尔滨训练所。结果一年不到，1945 年 8 月战争就结束了。

在哈尔滨迎来战争结束

中小路：战争结束后你做什么了？

古山：有些人被送到苏满边境的牡丹江或者哈巴罗夫斯克的收容所。我因为年龄小而漏掉了。战争结束了，但是为了生计也不能总是闲逛，于是去了市里的一家馒头店帮工。不久被东北民主联军第一纵队（后为第 38 军）第一师第一团招募为卫生兵。

中小路：后来我去了延安。经历了各种各样的事情，1948 年又去了哈尔滨，在铁道（西北铁道）政治部的日本人工会工作，直到1958 年回国。

古山：是吗？我当时参加了哈尔滨火车站前的苏军解放纪念塔的建设工作。这个塔是在拆除了朝鲜人暗杀伊藤博文的纪念塑像之后建立的。还有个叫道外的地名，战前外国人到这里十分危险，治安很差，但是为了生计不得不到那里工作……

中小路：道外是中国的街道吧？

古山：是的。就这样过了一年，要回国的时候到了，现在也不明白，上边来了命令，要年轻人留下来。表面上说是让负伤的日本人先回国。我留下来加入的民主联军，其实是八路军，一下子把我放到了前线。

参加八路军时，朝鲜战争爆发了

中小路：说到哈尔滨的日本青年被留下的问题，实际上最初的决定是让日本人都遣返的，相当多的人都回去了。中途，蒋介石的国民党要日本青年留下来，增加国民党的力量，所以我们没有被遣返回去。

古山：原来如此。因为和国民党的关系，这里也有政治上的考虑呀！

中小路：即使参加了八路军，也多是做担架兵。

古山：是啊！我被分配到林彪直属的东北民主联军第一纵队第一师团第一团的前线做救护的担架兵。

中小路：您是从这时开始参加八路军的吧？

古山：我经历了三年解放战争，想着到了该回国的时候了，朝鲜战争爆发了，那是 1950 年的 6 月。不知道美军以什么方式逼近到了中朝边界，为了扩大防卫线，我们的部队出动了，当战局告一段落后，我们又返回到铁岭进行训练。听说此时美军在朝鲜半岛的仁川登陆了，中国方面马上派出了志愿军，但是把日本人留了下来，我做了仓库的警备员。

用日语阐述革命理论

古山：这次出版的《一个日本人的八路军从军记》详细地介绍了我的情况。当时我们参加了日本人的反革命组织。由于受到天皇崇拜的教育，一直把苏联看作是敌人，觉得中国的八路军和马克思列宁主义的苏联是一丘之貉。直到后来才有了思想转变。

中小路：转变的契机是什么呢？

古山：根本上的思想转变是在铁岭开始的，也许和你们有关系，从延安来了民族干事——现在也忘记不了他——一开始他用日语给我们讲解共产主义理论。第一次听到有人讲日语，受到很大的冲击。他滔滔不绝的演讲，激起了我们学习理论的热情。

最初，我打算自己成立反革命组织，因此就想去听听他们会讲些什么。日本人中有人加入了中国共产党，这些人是积极参加学习运动的人，时间长了，我在那里也受到了感化。终于醒悟到参加反革命组织的错误。从延安来的民族干事是个很会照顾人的人，我向他交代了这件事儿。

在延安的工农学校

中小路：在延安工农学校工作的时候，俘虏里边有也有被派遣来破坏的特务，他们是日军经过训练有组织地送到这里的。

古山：在发现了反革命组织之后，日本人的武装全部被解除了，这也许是某个军方人士的意见，放任这种情况会十分危险。我们被带到华北军区的教育机关，在那里开始学习马克思列宁主义理论，我的人生发生了新的转变。

中小路先生在延安学校里工作，一定遇到了很多问题吧？

中小路：在延安的学校里，学习的主要内容有经济学、社会学、自然科学、时势问题、日本问题、苏联共产党党史等。经济学和社会学由会讲日语的中国人担任，他是日本京都帝国大学毕业的。

古山：是王学文吧？

中小路：是的。他讲经济学，李初梨担任社会学课程。我还记得王先生在讲义中提到了大阪的话题，感觉他了解得很多。我也去过大阪，知道他不是在瞎说，就渐渐地……

古山：原来如此！

搞清了一个个事实

中小路：印象很深的是，在听野坂参三讲时势问题和日本问题、以及苏联共产党党史的时候，最初我们根本没有兴趣，虽然去参加了学习，但是回来后就把笔记当作废纸一样扔掉了。

古山：是啊，是啊！（笑）。

中小路：但是，野坂的讲义先从日本的相扑比赛开始，比如，1941 年的春季比赛时，野坂开始就说："今天双叶山胜了。""又是他胜了？"大家便开始议论起来。春天的时候，又换了樱花的话题，各种话题带着大家渐渐地对听课有了兴趣。

更重要的是，他指出日本军国主义根本无法占领中国，不论从物资上还是人力上，都没有这个能力。它到哪里去寻找后备力量呢？可能到南方吧。但是在南方和美国的关系正在陷入紧张，"真的吗？"我们都半信半疑。这样到了 12 月 8 日，学习进行到一半的时候，日本偷袭了珍珠湾，知道这件事后我们都吓了一跳。

古山：1941 年是日本的全胜时代吧？很疯狂……

中小路：在这样的环境下，我们清楚了一个个事实的真相，开始有了自信。

寻找能吃的野菜

古山：延安的日本俘虏的情况怎么样？

中小路：来的并不都是有用的日本兵，多数都还是俘虏。但是到了 1941、1942 年，从军队里逃跑来的日本兵非常多，他们多是带着对日本军队的不满，但也并不是因为对八路军有好感才来的。

古山：这样的话，中小路先生一直在延安，对那些突然从前线逃跑来的日本兵士进行学习指导，一定吃了很多苦吧？

中小路：是，但是也很自由。学习之后就是自由的时间了，可以到街上逛逛。感觉自己有了新的人生，生活也变得好了起来。

古山：这里有做人的尊严，有民主，有自由，反动的军队和人民的军队就是截然不同。

中小路：但是从生活上看，1942 年的生活是最苦的。就连山里的野菜都被挖光了。

古山：是自然灾害吗？

中小路：是啊！因为没有垦荒的人手，又都是山地，延安能吃的野菜几乎都被挖光了。在学校里也是，学习完了之后离开饭还有两个小时的时间，当班的人就会去挖野菜。大家都是劳苦农民出身，知道什么是能吃的野菜。挖回来后放一晚，第二天当饭吃。

1942 年六七月前后，中国共产党开始了大生产运动，从那以后，种下的菠菜等都长了出来，我们也组织起来生产，到了 1942 年末，猪肉也有了，各种蔬菜吃不完。

古山：日本人的解放联盟组织也在各地成立了吧？

中小路：是的。1942 年 7 月，我们这里召开了华北日本士兵大会，成立了日本人民解放联盟。

在前线开展反战活动

古山：他们在前线开展反战活动吧？

中小路：他们在前线制作传单散发，重要的在延安做好再送出去。延安工农分校在山东等地都有，在那里一边学习一边进行反战活动。

古山：现在社会上的人多是战后出生的，没有经历过战争。像我们这样经历过侵略战争，感受过战争残酷的人，有必要将真相告诉人们。

中小路：无论是侵略中国的日本人，还是被侵略的中国人，都没有互相残杀的必要，现在是这样，将来也是如此。

古山：最近，不论是教育方面还是司法方面，"君之代"②问题又出现了，好像又听到了战争的足音。面对悄悄复活的军国主义，我们有必要教育青年一代不能忘记军国主义教育的恐怖。从这个意义上说，希望有更多的青年人看到我的《一个日本人的八路军从军记》，使日中友好协会倡导的"日中不再战"运动不断向前发展。

中小路：从 1948 年到 1958 年我在中国一边学习一边参加各种活动，从中国人那里学到了很多东西。我在延安做学生的管理工作，只有小学程度的我，要理解和接受讲义的内容，付出了很多的辛苦。每天早起两个小时，点着油灯学习，晚上九点关灯以后再延长两个小时学习。

可是，现在中国的很多事情我们不能理解了，但是我认为这种情况不会一直下去，两国一定会回到日中友好的正确轨道上来。

　　古山：是的，我们一起加油！

【注】

　　①本文原载 1974 年 8 月 10 日《日中友好新闻》，日中友好协会编。

　　②古山秀男：生于 1929 年，回日本后参加岐阜县日中友好协会，致力于中日友好事业。

　　中小路静夫：生于 1905 年，本名中村善太郎，回日本后致力于日中友好活动。

　　③《君之代》：日本国歌。中文大意是"我皇御统传千代，一直传到八千代，直到小石变巨岩，直到巨岩长青苔。"日本在发动侵略战争的时期，《君之代》和"日之丸"（日本国旗）常被视作日本军国主义的象征。

后 记

今年是中国人民抗日战争暨世界反法西斯战争胜利 70 周年。当年侵华的日本老兵大部分都已经作古，少数仍然在世的也都超过了 90 岁。但是，人类的历史记忆不会因某一个时代或生命的逝去而中断，也不会因某些人的刻意涂抹而消失。本书所提供的日本侵华老兵留下的记忆资料，让我们从另一个角度看到了历史细节，也显示了毋庸置疑的历史真实。

本书编者张仕英教授曾在日本学习工作，参与了日本侵华老兵口述史研究的工作。在中国人民抗日战争暨世界反法西斯战争胜利 70 周年前夕，计卫舸教授、张仕英教授等再次赴日本，就侵华老兵历史资料进行深入挖掘和采集整理。在采访过程中编者深切感受到，这些侵华老兵担心随着他们年龄的增大和离世，年轻一代不知道日本曾作为"加害者"发动的侵略战争，他们担心年轻一代受日本右翼政客的蛊惑，打着"国际贡献"的幌子将日本再次引向战争的深渊。因此，他们愿意以自身的痛苦经历揭穿日本右翼分子的谎言。

铭记历史，面向未来。因为共同的认识基础，我们在日本为本书收集有关资料时，先后受到了日本中国友好协会会长长尾光之、事务局长矢崎光晴、《日中友好新闻》编辑部押见真帆，日中口述历史文化研究会会长植田渥雄和副会长李素祯的热情接待和协助。中国归国者联络会的后继组织抚顺奇迹继承会神奈川支部的负责人松山英司来函表示"这是一项很重要的工作，一定会尽力协助"。之后，中国归国者联络会的原事务局长高桥哲郎亲自复函，对本书的出版给予了大力支持。

在完成本书的过程中，得到了河北省委宣传部的指导与支持。计卫舸教授制定了采访与编写计划，张仕英教授、周国强教授组织了相关日文资料的收集和翻译，高国忠教授组织了中文资料的编校等，高建军、程俊力参与了书稿的校对。全书经编委会讨论，计卫舸教授审定。本书付梓之际，我们对日本中国友好协会、中国归国者联络会、抚顺奇迹继承会、日中口述历史文化研究会和相关友好人士表示深深的谢意。此外，北京四方弘德文化发展有限公司鄢福禄、花山文艺出版社郝卫国为本书提出过宝贵意见。河北科技大学文法学院中文系 2012 级同学、中央民族大学外国语学院 2012 级日语班同学等为本书做了辅助工作，在此一并致谢。

最后，还要特别感谢人民出版社孙兴民编审、李琳娜编辑等为本书的出版所付出的努力；感谢河北省科技文化融合与文化产业发展研究基地对本书出版的支持。

由于时间仓促，编校错误恐难免之，如有问题请直接发邮件与我们联系。邮箱：bjshiying@163.com

编　者

2015 年 8 月 2 日